Olga Rogler

**Jetzt chill' ich erst mal
und dann mach ich
NiCHTS ;)**

Olga Rogler

Jetzt chill' ich erst mal und dann mach ich NiCHTS ;)

Wie das Leben nach dem Abi
wirklich aussieht

Kösel

Sollte diese Publikation Links auf Webseiten Dritter enthalten, so übernehmen wir für deren Inhalte keine Haftung, da wir uns diese nicht zu eigen machen, sondern lediglich auf deren Stand zum Zeitpunkt der Erstveröffentlichung verweisen.

MIX
Papier aus verantwor-
tungsvollen Quellen
FSC® C014496

Verlagsgruppe Random House FSC® N001967

Copyright © 2019 Kösel-Verlag, München,
in der Verlagsgruppe Random House GmbH,
Neumarkter Str. 28, 81673 München
Umschlag: Weiss Werkstatt, München
unter Verwendung eines Bildes vom Verlag © Julia Sterthoff
Motiv auf den Umschlaginnenklappen: Shutterstock_796771543 / © dromp
Redaktion: Dr. Peter Schäfer, Gütersloh
Satz: Satzwerk Huber, Germering
Druck und Bindung: GGP Media GmbH, Pößneck
Printed in Germany
ISBN 978-3-466-37231-7
www.koesel.de

 Dieses Buch ist auch als E-Book erhältlich.

Inhalt

Erster Teil:
Das Nach-dem-Abi-Jahr

1. Fürs Erste: Wer bin ich?

Hi! – Ich bin Olga. Schule hab ich abgeschlossen, mein Abschluss ist ganz gut. Ich habe Harfe gespielt und gehe gerne joggen. Aber nur, wenn gerade jede andere Beschäftigung zu langweilig ist – ja, ich muss zugeben, dass ich mich zum Sport immer ein bisschen überwinden muss. Ich bin nicht dick, nicht dünn, nicht groß, eher klein – nicht unintelligent, aber auch nicht eine, die bei wirklich allem mitreden kann. Wer nicht aufgepasst hat und oberflächlich genug ist, noch genauer wissen zu wollen, wie ich aussehe: Ein Foto findet Ihr auf dem Cover.

So viel dazu, wer ich bin.

Gerade erlebe ich meine erste Woche an der Uni, das alles ist ziemlich spannend für mich. Endlich habe ich mich entschieden, etwas »Richtiges« zu machen: Vermutlich werde ich die nächsten drei bis sechs Jahre an der Uni sein. Das wird etwas ganz anderes sein als mein letztes Jahr: Mein Jahr nach dem Abi, in dem ich mehr oder weniger eben »nichts Richtiges« gemacht habe, während ehemalige Klassenkameraden in London ein Architekturstudium angefangen oder in Tansania bei irgendwas geholfen haben. Wie die meisten Menschen. Die meisten Menschen machen ja etwas. Und die, die nichts machen, passen irgendwie nicht ins Konzept.

Dieses Buch ist ein bisschen wie ein Tagebuch, mein Tagebuch. Ich erzähle, was das Jahr nach dem Abi meinen Freunden und mir so brachte. Es ist für jeden, der gerade sein Abi macht oder wie ich gemacht hat, aber auch für Jüngere, die sich schon so sehr auf ihr Abi-Zeugnis freuen, dass die noch abzusitzende Zeit unerträglich lang erscheint. Und ja, meinetwegen auch für nervige, neugierige und sich überall zu viel oder zu wenig einmischende Eltern, die aber eigentlich auch nur ihr Kind verstehen wollen.

Ich gebe mein Bestes und versuche, so gut wie möglich zu beschreiben, was im Leben eines frisch gebackenen Abiturienten toll – oder auch schei** – ist. Mir ist wichtig zu zeigen, wie das Erwachsenwerden gerade in diesen Zeiten *wirklich* ist. Weil das ein eher persönlicher Erfahrungsbericht und kein Ratgeber oder sogar Leitfaden ist, kann es sein, dass ich hin und wieder nicht jedem Gleichaltrigen aus der Seele spreche. Jeder macht seine eigenen Erfahrungen. Trotzdem hoffe ich, dass hier und da ein Kopfnicker meinen Ausführungen zustimmt.

Wer sind die anderen?

Ich möchte erst einmal ein paar Dinge über meine Familie und Freunde erklären – ansonsten würde es wohl schwer werden, durchzublicken.

Bis zur dritten Klasse habe ich in Berlin gewohnt, dann bin ich nach Freiburg umgezogen. Dort habe ich bei meiner Mutter und ihrem Freund gewohnt, und in Tübingen war mein Vater mit meiner Stiefmutter (dieses Wort klingt immer so böse).

In Freiburg bin ich bis Ende der elften Klasse zur Schule gegangen. Ein Jahr vor meinem Abschluss habe ich die Schule gewechselt und bin nach Tübingen zu meinem Vater gezogen. Zwischendurch haben mein Vater und seine Frau zwei UMFs – unbegleitete minderjährige Flüchtlinge (für all jene, die die unglaublich blöd klingende Abkürzung nicht kennen) – aus Afghanistan bei sich aufgenommen. Die beiden sind so alt wie ich, und irgendwann habe ich angefangen, sie meine »Brüder« zu nennen – denn meine Gesprächspartner sind reihenweise eingeschlafen, wenn ich einen Satz mit »Einer von den beiden Afghanen, die mein Vater und meine Stiefmutter vor drei Jahren …« anfing. Also auch hier im Buch sind sie: meine Brüder.

In Freiburg bin ich mit Alice, Lars und Pareidolie zur Schule gegangen, und wir sind ziemlich gute Freunde geworden. Nach meinem Umzug hat in Tübingen Otto auf mich »gewartet«, der schnell zu meinem besten Freund wurde.

Das waren jetzt, glaube ich, die wichtigsten Hintergrundinformationen. Also: los geht's!

2. Lernen fürs Leben?
Die letzten zwölf Jahre

Mein Zeugnis in der Hand, stehe ich vor dem Unigebäude, in dem soeben die letzte schulische Pflichtveranstaltung meines Lebens stattgefunden hat. Endlich. Ich habe so lange auf diesen Moment gewartet und dachte immer, das Gefühl wäre irgendwie besonders. Das stimmt nicht. Vielleicht geht es da jedem anders – aber ich bin immer noch ganz genau der gleiche Mensch wie vor zweieinhalb Stunden. Stimmt auch nicht. Ich habe jetzt einen Wisch mehr in meiner Obhut, der anscheinend über alle Maßen wichtig sein soll und von dem ich am besten gleich ganz viele beglaubigte Kopien erstelle, die ich dann, nur um sicherzugehen, in verschiedenen Häusern ablege und verstecke, falls es mal brennt oder einen Wasserschaden gibt. Nur fürs Protokoll: Die Schule, die mir dieses Zeugnis ausgestellt hat, hat mir nicht beigebracht, wo man Kopien beglaubigen lässt. Dass das überhaupt notwendig ist, weiß ich auch nur von meinen Eltern. Zum Glück ist meine Stiefmutter Pfarrerin. Noch was fürs Protokoll: Dass Pfarrer jegliche ihnen in die Finger geratenden Kopien beglaubigen können, wusste ich auch nicht, bevor mein Vater mich drauf hingewiesen hat. Aber ich finde es – nur so nebenbei gesagt – ziemlich schwachsinnig, dass Pfarrer wirklich *alles* beglaubigen dürfen. So wie ich das sehe, haben die nämlich auch keinen blassen Schimmer, ob die jeweilige Kopie gerade gefälscht ist oder nicht. Hoffen wir also, dass meine Stiefmutter ihre schwere Arbeit tut und mir einfach mal abnimmt, dass mein zu beglaubigendes Zeugnis keine Fälschung ist.

Back to school ...

Gehen wir ein paar Jahre zurück – ich war in der siebten Klasse. Besonders gut erinnere ich mich an die Mittagspausen, in denen meine Freundinnen und ich von der Zukunft, der Zeit nach dem Abi träumten. Das größte, was wir uns wünschten, war, dass wir endlich fertig sein würden mit der Schule. Nicht falsch verstehen: Wir sind gerne in die Schule gegangen, es war die meiste Zeit ziemlich lustig. In unserer Klasse wurden viele lustige Streiche gespielt, die Klassengemeinschaft war meistens ziemlich gut. Aber wir bewunderten auch »die Großen«. Die Langeweile in der Schule nahm den größten Teil unseres Tages ein, und so vertrieben wir die Zeit, die wir absitzen mussten, eben mit dem Träumen von Unis, WGs und einem Leben weit weg von zu Hause. Nicht, weil es uns da nicht gut ging, sondern einfach, weil wir etwas Neues entdecken wollten. Jeden Tag hatten wir Spaß, wegdenken konnten wir uns einander nicht. Keiner aus meiner Klasse konnte sich vorstellen, wie es sein würde, sich nicht mehr jeden Tag zu sehen.

Alle lieben Schulsport

Genauso gut wie an die Mittagspausen erinnere ich mich an den Sportunterricht. Das Schlimmste war der Schwimmunterricht: Die Lehrerin stand am Beckenrand und versuchte, uns trocken das Kraulen beizubringen. Wir haben dabei gefroren, es war Winter, und es war im Hallenbad nicht so warm, wie es hätte sein sollen. Alle Mädchen hatten irgendwann alle zwei Wochen ihre Tage, und da das ja nicht überprüft werden durfte, konnten wir Mädchen die meiste Zeit am Rand auf der beheizten Sitzbank sitzen und zuschauen, wie die Jungs dazu gebracht wurden, vom Zehnmeterbrett zu springen.

Warum wir im Winter Schwimmen hatten? Damit wir im Sommer auf den Sportplatz draußen konnten. In die brennende Sonne, den Cooper-Test machen oder besser noch den »Piep-Test« (letzterer heißt offiziell »Shuttle-Run-Test«, aber das ist eine Bezeichnung, die eindeutig viel zu schön ist für diese ultimative Schüler-Quäl-Methode).

Beim Cooper-Test muss man versuchen, in zwölf Minuten so viele 400-Meter-Bahnen wie möglich zu laufen. Bei sechs Runden (also 2,4 Kilometern!) bekommt man als Schülerin in der Oberstufe in Sport ganze zwölf Punkte. Das Theater fand bei uns jedes Halbjahr ein paar Mal statt.

Beim Piep-Test muss man statt der Runden nur hin und her laufen. Es geht dabei darum, zwischen zwei Pieptönen zwanzig Meter zurückzulegen. Die Läufer stehen zunächst alle in einer Reihe, und auf den ersten Piep läuft man noch recht gemütlich zum Zielpunkt, bevor der zweite Piep ertönt. Wer nicht vor dem nächsten Piep auf der anderen Seite ist, ist raus aus dem »Spiel«. Der nächste Piepton ist dann immer zugleich das Startsignal zum Umkehren. Natürlich werden die Intervalle zwischen den Tönen immer kürzer, damit man sich immer mehr beeilen muss und die Sache so richtig Spaß macht!

Das sind die zwei dämlichsten Erfindungen auf Erden, um Ausdauer und Seitenstechen-Unterdrücken zu benoten. Manchmal wache ich heute noch nachts auf mit der Kassettenrekorder-Stimme im Kopf, die uns beim Piep-Test hin und her gescheucht hat. Nur wer fünf Minuten (oder länger) durchhielt, hatte die Chance, eine Drei (oder eine bessere Note) zu bekommen. Wann wohl unsere Lehrer diese Tests zuletzt selbst gemacht hatten? Im Studium? Ich vermute, dass das nicht der Fall war, denn jedes Mal, wenn ich aufs Neue anfing, mich zu beschweren, guckten sie nur genervt.

Jeder, der diesen Test mal machen musste, wird mir zustimmen: *Dieses Training führt zu nichts!* Wie oft meine Freunde und ich Briefe an das Bildungsministerium schreiben wollten, in denen wir uns lang und breit darüber ausgelassen hätten, was für ein Bullshit im Lehrplan steht! Wenn wir schlecht gelaunt und vom Unterricht gelangweilt waren, haben wir Listen gemacht, was alles in diesen Briefen stehen sollte. All dieser Ärger ist jetzt, nach der Schule, verflogen und zu lustigen Erinnerungen geworden. Diese Probleme sind nicht mehr unsere Probleme, und falls wir wirklich einmal einen Brief an das Bildungsministerium schicken sollten, dann wird der definitiv viel reflektierter ausfallen und mit viel weniger Schimpfwörtern ausgeschmückt sein.

Hin und wieder stritten wir uns mit unseren Eltern, weil wir der Meinung waren, etwas selbst tun zu können (wie eine Entschuldigung für den Sportunterricht zu schreiben). Ich bin immer noch der festen Überzeugung, dass ich damals immer recht hatte, aber was soll's! Jeder kennt diese Streitereien, und ich erlebe sie auch jetzt noch, nach dem Abitur. Aus irgendeinem Grund dachte ich, meine Eltern würden sich endlich nicht mehr in meine Angelegenheiten einmischen, wenn die Schule vorbei wäre. Um meine Oma zu zitieren: »Denkste Puppe«. Aber dazu später mehr.

Einmal die Woche oder einmal im Monat gab es Taschengeld. Ständig wurde darüber geredet, wer wie viel Taschengeld bekam, und diejenigen, die besonders wenig bekamen, wurden dann immer ganz klein. Damals haben wir noch nicht unser eigenes Geld verdienen können, und deshalb erscheint es mir heute auch so unlogisch, warum es uns überhaupt so interessierte, wer wie viel

Geld hatte. Immerhin sagte es nicht mehr über uns aus als über den Beruf unserer Eltern oder darüber, wie streng sie waren. Vermutlich war es einfach die Faszination, Geld zu besitzen, sich selbst etwas kaufen zu können, an der Kasse stolz den großen Zehn-Euro-Schein aus dem 4YOU-Geldbeutel zu ziehen. Immerhin sind zehn Euro mindestens zwanzig Center-Shocks, schaurigsaure Kaugummis!

 WhatsApp-Gruppe
»Mädchensport Klasse 10 a und b«

Mädchen A: *Morgen wieder Cooper-Test, oder?*
Mädchen B: *Hat sie nicht gesagt, dass wir das verschieben, wenn es regnet?*
C: *Soll aber nicht regnen.*
B: *Lass uns doch Frau K. schreiben, dass wir alle im Wetterbericht gesehen haben, dass es regnen soll.*
C: *Nee Mann, bringen wir es lieber einmal hinter uns.*
D: *Aber der Sportplatz ist so weit weg, dann haben wir wieder keine Pause morgen.*
E: *Wir können auch versuchen, sie zu überreden, anstatt Cooper was anderes zu benoten.*
A: *Das macht die bestimmt nicht.*
B: *Also was jetzt? Gehen wir morgen hin oder sagen wir einfach, am Vertretungsplan stand, dass es ausfällt?*
C: *Das haben wir schon letzte Woche gemacht.*
B: *Dann ist es halt ein dauerhafter Fehler im Programm.*

Man würde mir nicht glauben, würde ich erzählen, wie oft wir tatsächlich kollektiv Sport geschwänzt haben. Den Test mussten wir trotzdem jedes Halbjahr machen.

3. »ABi ABi ABi, ABiTUR, ABiTUR, ABiT-U-U-U-R!«

Man nehme ganz viele Abiturienten, gebe etwas Alkohol dazu und brülle den oben stehenden Vers hinaus – und schon steigt die Party. Aber so weit sind wir noch nicht ...

Endlich kamen wir in die Oberstufe. Bei uns an der Schule hieß das Kursstufe. Taschengeld-Diskussionen gab es nicht mehr, da sowieso die meisten ihr Geld zu großen Teilen selbst verdienten. In der Kursstufe wurden die Klassen, in denen wir sechs Jahre lang waren, aufgelöst. Für manche war das toll, für andere eher schade, auf jeden Fall war es aber aufregend. Wir merkten, dass »die Deppen« aus »der D« und die »Blöden« aus »der B« doch nicht solche blöden Deppen waren. Es veränderten sich außerdem die Strukturen in der Schule. Wohl nicht zuletzt, weil ab der elften Klasse alle Leistungen für das Abitur gewertet wurden. Lernen war gar nicht mehr so uncool, Lerngruppen plötzlich der neueste Schick. Alice wunderte sich zu dieser Zeit besonders über die vielen Mitschüler, die sie auf der Straße plötzlich grüßten, obwohl sie sie vorher – ich zitiere – »nicht mal mit dem Arsch angeschaut« hatten.

Dieselbe Freundin hat natürlich trotz der neuen Lern-Coolness nie für die Schule gelernt, es gibt diese Leute, die von allen immer irgendwie beneidet werden. Sie hatte stattdessen immer etwas Besseres zu tun und außerdem einfach keine Lust. Worauf sie immer Lust hatte, und immer noch hat, ist planen. Zum Beispiel hat sie in der Kursstufe in jeder freien Minute an einer Liste mit allen Universitäten gearbeitet, nach Bundesländern und Städten sortiert. Dann hat sie auf den Websites *aller* deutschen, österreichischen und Schweizer Unis das Studienangebot nach Fächern durchsucht, die sie interessieren. Eine unglaubliche, echt beeindruckend lange Liste war das.

Auf jeden Fall bildeten sich neue Freundeskreise, und wir lösten uns von der Heimeligkeit der kleinen Schulklassen. Auf einmal waren wir eben nicht mehr nur dreißig Schüler, die endlich raus wollten aus der Schule, sondern hundert.

Es gab viele Stufentreffen außerhalb der Schule, und so war unser Schulgebäude plötzlich nicht mehr der wichtigste Ort, um sich mit Leuten zu treffen, dadurch wurde die Institution an sich deutlich unwichtiger und demnach trotz des neuen Lern-Schicks hinsichtlich der Anwesenheit unsererseits deutlich unterversorgt. Die Unibibliothek löste gewissermaßen die Schule ab. Denn dort versammelten sich alle Abiturienten der Stadt dauerhaft zum Lernen. Die echten Studenten waren dementsprechend genervt von uns.

Am Ende, ganz kurz vor den Abi-Prüfungen brachen ein paar Mitschüler ab. Sie hatten mehrfach ihre Punkte nachgerechnet und sind zu dem Schluss gekommen, dass sie es nicht mehr schaffen würden. Oder der Druck wurde zu groß. Wenn ersteres der Fall war, gab es vor dem Abbruch mit guter mittlerer Reife viele Gespräche mit Schulleitern, Lehrern, und natürlich den Eltern, die meistens mit dem Punktesystem der Oberstufe, Begriffen wie »Unterkurs« und benötigten Fächerkombinationen nicht zurechtkamen und denen dann alles zwei-, drei- oder sogar viermal erklärt werden musste. Wurde der Druck zu groß, gab es vor allem Gespräche mit Vertrauenslehrern und Schulpsychologen, allerdings kamen diese Abbrüche für die Allgemeinheit immer eher plötzlich. Fast alle anderen, so auch ich, verbrachten ihre Osterferien mit Lernen. Diese zwei Wochen waren gut geeignet, sich auf die Prüfungen nach den Ferien vorzubereiten, vor allem für die, die noch kaum gelernt hatten. Der Rhythmus war ungefähr so: Um sieben oder acht aufstehen, frühstücken, dann ab in die »Unibib«. Dort wurde auch zu Mittag gegessen, abends ging es gegen neun Uhr zurück nach Hause, ins Bett. Am nächsten Tag das Gleiche wieder. Und wieder. Und wieder.

Warum wir alle so am Pauken waren? Jeder von uns musste Mathe im Abi machen. Und (fast) jeder von uns war schlecht in diesem Fach. Sehr schlecht, wirklich. Ich persönlich habe *nur* für Mathe gelernt. Für die anderen Fächer mussten ein paar mehr oder weniger informative Filme ausreichen – das war's. Die zwei Lernwochen mussten außerdem halbwegs effizient genutzt werden, schließlich schrieben wir direkt vor den Abi-Prüfungen auch noch normale Klausuren. Zusätzlich würde der Unterricht nach den Ferien ganz normal weitergehen. Meine Stiefmutter nennt das Abitur seitdem »Belastungstest«. Sie meint, das alles hätte kaum noch etwas mit Wissen zu tun. Da ist was dran.

Besoffen Abi schreiben

Nach jeder Prüfung habe ich den dazugehörigen fetten Schulordner vernichtet. Meine beiden Brüder haben fasziniert zugeschaut. Sie machen dieses Jahr ihren Hauptschulabschluss, also ein Jahr nachdem ich Abi gemacht habe. Das ist übrigens auch eine nicht zu verachtende Leistung – ich könnte nicht nach drei Jahren auf Persisch einen Schulabschluss machen, wenn ich vorher hier in Deutschland knappe vier Jahre zur Schule gegangen wäre. Jedenfalls war dieses Schulordner-Zerstören jedes Mal eine unglaublich befriedigende Sache. Eine Freundin von mir hat alle Hefte und Ordner aufgehoben. *Wozu bloß?* Aber die meisten von uns haben alles zerstört, teilweise sogar verbrannt. Am Ende waren wir wohl doch nicht mehr so gerne in der Schule. Bevor wir unsere Ordner zerstörten, wurde deshalb immer fett gefeiert. Es fand eine Dauerparty im Park statt, die genauso lange dauerte wie die Prüfungsphase, also zwei Wochen. Irgendwie haben wir es alle geschafft, nicht ständig völlig (sondern nur ein bisschen) betrunken zu den Prüfungen zu kommen und somit die Diskrepanz zwischen »ich bin cool, weil ich gute Noten habe« und »ich bin cool, weil ich trotz der morgigen Prüfung voll abfeiere« ganz gut überwunden. Wäre wohl eine Alkoholvergiftung ein medizinischer Grund gewesen, aus dem man die Prüfung hätte nachholen dürfen?

Unverstanden: mein Wunsch nach Freiheit

Nach den Prüfungen kamen die ersten Zusagen von den Unis oder Ausbildern. Manche wollten aber noch ein FSJ, ein Freiwilliges Soziales Jahr, machen. Viele meinten allerdings, dass sie nach dem Abitur nicht direkt wieder etwas machen wollen. Ich gehörte auch dazu. Wir wollten einmal zu nichts verpflichtet sein. Einmal nicht wissen, dass die freie Zeit in vier Wochen schon vorbei sein würde. Gut, Letzteres trifft vielleicht dann doch wieder nur auf eine Minderheit zu, aber mir war das superwichtig. Ich freute mich so sehr darauf, nach der Zeugnisverleihung endlich nichts, absolut nichts machen zu müssen (außer mal die Spülmaschine auszuräumen oder so). Das war auch – nicht nur in meiner Familie – ein riesengroßer Streitfaktor. Einer meiner Freunde wurde fast zu Hause rausgeschmissen, weil seine Eltern darauf bestanden, dass er sich einen Plan zulegt. Sie konnten es nicht ertragen, dass ihr Sohn einfach nur »faul« sein wollte. Sie machten sich Sorgen um seine Zukunft. Als Abiturienten haben wir uns bei der kleinsten Frage nach dieser, unserer Zukunft angegriffen gefühlt. Wir wurden wohl zu oft danach gefragt, hatten grob gesagt die Schnauze voll davon. Aber die Frage »Und, was machst du nach dem Abitur?« habe ich innerhalb des letzten halben Jahres in der Schule mindestens fünfzigmal gestellt bekommen. Von jedem, der mir über den Weg lief. Das macht verdammt aggressiv, vor allem dann, wenn du nicht nur keinen konkreten Plan haben willst, sondern generell keine Ahnung hast, was du tun würdest, wenn du dich für etwas entscheiden müsstest. So ging es mir. Weil jeder, der bereits eine Zusage von irgendwo hatte, mir wie ein Außerirdischer vorkam, habe ich Lars (ich hielt ihn für ein »Arschloch aus der A«, bis wir beide in der Oberstufe mit ganzen sechs anderen im Französischkurs saßen) gefragt, aus welchen für mich unerklärlichen Gründen er schon jetzt so unbedingt sein Abreisedatum für sein FSJ in Indien wissen wollte. Seine Antwort (an die genaue Wortwahl erinnere ich mich nicht mehr, leider): »Ich habe Ziele, und die will ich erreichen.« Daher nehme ich an, dass diejenigen, die direkt nach dem Abitur eine Aufgabe brauchten, schon seit Längerem mit einer bestimmten Idee herumliefen. Sie erfüllten sich quasi einen Wunsch. Sei es, dass Person X Medizin studieren, aber die Zugangsvoraussetzungen für das Studium verbessern möchte – dann macht die Person das FSJ. Oder aber die Eltern wollen es einfach. Diejenigen, bei denen Letzteres der Fall ist, beneide ich nicht. Das sind die mit den Eltern, die immer bestimmen wollen, was als Nächstes im Leben ihrer Kinder passiert – vielleicht ist es ja gut gemeint. Aber das sind auch die, die Medizin studieren müssen, weil Mama oder Papa Mediziner ist. Die, die immer unendlich viel Druck bekommen, selbst dann, wenn sie ihr Leben im Griff haben. Die, die immer die Besten überall sein müssen, und vor allem: möglichst so gut wie (oder besser als) ihre Eltern, die auch die Besten in allem sind und es schon immer waren. Wenn sie ein Hobby haben, das den Eltern fremd ist, versuchen diese, es ihren Kindern wieder auszureden und üben immer mehr Druck aus. Klar, das ist ein Extrem, aber eine Klassenkameradin von mir führt tatsächlich so ein Leben. Sie ist die eine, die immer geweint hat, wenn sie »nur eine zwei« bekommen hat.

»Nichtstuer« müssen sich rechtfertigen

Ich war noch minderjährig, als ich endlich fertig war mit der Schule. Und dann sind die Möglichkeiten echt begrenzt. Wer nicht besonders hilfreich war in dieser Zeit, das waren – wer hätte es gedacht? – meine Brüder. Wir hatten eigentlich immer ziemlich viel Spaß zusammen, aber als ich meinen Abschluss endlich machen konnte, wurde es schräg. Drei Gleichaltrige, und nur einer ist fertig mit der Schule – das reizt alle Beteiligten: Die beiden, ihrerseits gereizt, beschuldigten mich, nichts anzufangen mit meiner Freiheit, immerhin hätte ich ja noch keinen Plan. Das wiederum reizte mich noch mehr, weil ich sowieso schon genervt war von allen und allem. Unsere Eltern bekamen von den sich häufenden gegenseitigen Sticheleien nicht viel mit – und wenn doch, dann hatten sie keine Lust, den Streit zu schlichten (hätten sie es versucht, wären wir drei ihnen aber vermutlich an die Gurgel gesprungen, also war es vielleicht besser so). Also vorteilhaft für ein gemütliches Zuhause was das alles jedenfalls nicht.

📞 WhatsApp-Gruppe
»Abi 2017«

Kevin: *An alle aus dem Kurs »Deutsch KRA«: Wann müssen wir den Essay abgeben?*
Alice: *Gestern.*
Kevin: *F*******CK!*
Kevin: *War das der letzte Termin?*
Kevin: *Leute!*
Kevin: *Mann Leute! War das der letzte Termin?*
Alice: *Jup.*
Hanna: *Ja.*
Lasse: *Lel Kevin, Alter, du Vollidiot, sie hat uns gestern Abend schon die Noten gemailt.*
Johannes: *Warst mal wieder saufen statt Schule, Kevin?*
Kevin: *Halt die Fresse, Alter, ich hab schon drei Unterkurse.*
Johannes: *Passt doch, noch einen mehr, dann hast du vier, ist doch ok.*
Kevin: *Nee Mann, Mathe fall ich durch.*

Auch Kevin hat sein Abitur geschafft – trotz mehr als genügend Unterkursen (Fächer, in denen er eigentlich durchgefallen wäre). Fast jeder schafft es irgendwie, wenn er sich irgendwann, und sei es noch so knapp, auf seinen A**** setzt und was dafür tut.

4. Träumen, chillen ... und dann nichts tun!

Zurück zum Hier und Jetzt! Im Moment versuche ich, mit dieser Welt zurechtzukommen. Die Überschrift dieses Kapitels hätte, wenn sie nicht zu lang dafür gewesen wäre, auch lauten können: »Bürokratiehochkultur Deutschland startet Angriff auf siebzehnjährige Abiturientin. Achtung, Achtung, lasset die Spiele beginnen!« Nachdem ich es erst mal aufschiebe, mein Zeugnis beglaubigen zu lassen, stehe ich schon wieder mit meinen Freunden im Park und feiere mit ihnen unsere neue Freiheit.

Obwohl ich noch nicht einmal grob sagen kann, was ich denn mit dieser Freiheit machen will, ist die Freude aufs Ausziehen riesengroß. Eine eigene Wohnung vielleicht, oder eine WG, falls ich in Deutschland bleibe. Oder einfach mal eine andere Umgebung, im Ausland. Vielleicht ja Afrika? Oder Südamerika, aber sicher nicht Australien oder Neuseeland – irgendwie haben diese beiden Länder für mich ihren Reiz verloren, seitdem alle dorthin gehen. Wie würde ich wohnen, wenn es echt ins Ausland gehen soll? Das Wichtigste ist: nicht mit meinen Eltern. Darauf freue ich mich schon seit Ewigkeiten, seit meine Freundinnen und ich in der Mittagspause unsere Zukunftspläne geschmiedet haben. Trotzdem bleibt natürlich immer auch der Wunsch, den Eltern zumindest ein kleines bisschen zu gefallen mit dem, was wir tun. Dass sie einen unabhängiger werden lassen und nicht so sehr klammern. Er ist jetzt fast greifbar, dieser Traum von Unabhängigkeit.

Die »eigenen« vier Wände: ein Traum

Aus Erzählungen von denen, die vor meinen Freundinnen und mir ihren Abschluss gemacht haben, haben wir so unsere Schlüsse gezogen und uns perfekte erste eigene Wohnungen beziehungsweise Zimmer erträumt. Bei Alice sieht dieses erste eigene Zuhause ungefähr so aus: Sie stellt sich große Zimmer vor, in vielen verschiedenen Farben gestrichen. Sie hat viel Platz für ihre Möbel und das Hochbett, das sie so sehr liebt. In der hellen Wohnung leben noch zwei, vielleicht drei Gleichaltrige – davon mindestens ein männlicher. Sie steht nämlich nicht so sehr auf Zickenkrieg. Es gibt auch ein geräumiges Bad in ihrer Vorstellung und eine Küche. Wovon Alice träumt, sind ein – wenn es nicht anders geht: kleiner – Balkon und natürlich ein begehbarer Kleiderschrank.

Lars andererseits träumt von einer kleinen Wohnung mit seiner Freundin. Die beiden gehören zu diesen ekligen unzertrennlichen Paaren, auf die heimlich alle eifersüchtig sind. Den beiden ist eigentlich egal, wo sie leben, solange sie zusammenleben können. Da sie anders als Alice Realisten sind, rechnen sie mit nicht mehr als zwei Zimmern, einem kleinen Bad und einer Miniküche.

Mein persönlicher Traum ist eine unordentliche, aber saubere WG mit Leuten meines Alters: Viele Blumen, eine Öko-WG. Am besten auf dem Land, mit Garten oder zumindest freier Fläche draußen. Die Miete ist meistens eher niedrig, weil keiner (außer ständig barfuß laufenden Ökos) außerhalb der Stadt leben möchte und ein gutes Feuer im Ofen (der einzige Heizkörper im Haus) hinbekommt. Meine Mutter hat zu Studienzeiten in so einer WG gelebt. Und mir, als ich klein war, fast jeden Tag lustige Geschichten aus dieser Zeit erzählt, auch von ihren WG-Haustieren. Und welches Kind will schon nicht zur Hauptfigur aus seinen Gutenachtgeschichten werden, wenn es groß ist?

Andere Ex-Mitschüler erscheinen mir wie Aliens: Sie *wollen* noch nicht ausziehen. Nicht, weil sie irgendwelche Pläne hätten, für die ein Umzug keinen Sinn hätte. Nein, einfach nur, weil sie nicht das Bedürfnis danach haben. Bei mir ist die Verwunderung groß, dass es jemandem so gehen könnte. Wobei auch Alice noch nicht sofort ausziehen möchte. Sie hängt zu sehr an ihrem Leben in dem Dorf, in dem sie wohnt, an den Jugendgruppen, die sie dort leitet – und an ihrer Familie. Man kann es nicht als Angst vor dem Ausziehen bezeichnen, eher geht es wohl um eine Angst vor einem Umgebungswechsel. Alice fühlt sich dafür noch nicht bereit. Vielleicht zögert sie auch deshalb schon seit einer ganzen Weile, Entscheidungen zu treffen und ihr »Jahr nach dem Abi« auf eine andere Art zu gestalten: Sie hat ganz viele Ideen und möchte eigentlich auch mal so richtig planlos sein. Nur spricht sie auffällig wenig über ihre Ideen und Träume. Das ist wirklich sehr ungewöhnlich: Eine stille Alice gab es noch nie.

Zum Abendessen gibt es Streit

Nach der Zeugnisvergabe dauert das »Freiheitfeiern« eine ganze Woche lang. Diejenigen, die einen ganz straffen Zeitplan haben, sind bereits in Afrika, Kanada oder sonst wo.

Endlich haben wir es geschafft: nie wieder eine Pflichtveranstaltung in der Schule, nie wieder Hausaufgaben! Außer wir werden Lehrer.

Neben ausschlafen und ab und an mal jobben oder joggen zu gehen passiert nicht viel. Das ist toll. Gerne werden auch viele Filme und Serien auf Netflix durchgesuchtet oder, etwas moderater ausgedrückt, angeschaut. Viele Nichtstun-Abende gehen so gemütlich dahin. Hatte ich erwähnt, dass Faulenzen eine meiner Lieblingsbeschäftigungen ist?

Nur: Zu alldem gibt es ein großes Übel – die Eltern. Denn in ihrer Gegenwart heißt es ab jetzt: streiten, streiten, streiten. Sie denken, eine oder zwei Wochen nichts zu tun, reiche aus. Sie denken, so langsam könnte man mal wieder aus dem Zimmer rauskommen. Sie sagen, dass es doch so nicht einfach ohne Plan gehen kann. Es gefällt ihnen nicht, dass ihr Kind nur noch nachts wach ist, tagsüber schläft und ungesunde Essgewohnheiten annimmt: Wenn überhaupt mit dem Rest der Familie zusammen gegessen wird, dann nur wenig – das Abendessen ist immerhin das Frühstück, aber man muss sich kein Müsli anrühren, wenn man mitisst. Ansonsten gibt es Pizza (oder auch mal ... Pizza), oder es wird zu den komischsten Uhrzeiten gekocht. So machen es zumindest Alice und ich immer, wenn wir uns treffen. Letztlich entsteht das ganze Problem nur daraus, dass die Eltern das Beste für ihre Kinder wollen und sie eben deshalb zu etwas drängen, was die Kinder wiederum gerade überhaupt nicht tun wollen. Für meine Freunde und mich stehen unsere Eltern für Druck, und Druck versuchen wir eben aus dem Weg zu gehen. Vor allem dem Druck, etwas Anständiges mit der eigenen Zukunft anzufangen, denn eben darum geht es uns ja gerade auch. Für uns ist Nichtstun kein Stillstand, sondern eine Art Freiraum, der eine erste Orientierung erst möglich macht.

Doch diese Idee sorgt bei unseren Eltern für Panik. Und diese Panik, die können sie nicht gut verstecken. Und das macht uns aggressiv. Denn die meisten von uns, die nach dem Abi bewusst keinem Plan folgen wollten, merkten irgendwann, dass sie nun doch einen Plan haben wollten. Alice nennt diese Phase des »Alles-schleifen-Lassens« und »Alle-anderen-Anschreiens«, die unsere Eltern (irgendwie verständlicherweise) so anstrengt, »das Loch«. Und das ist es auch. Bei mir läuft dieses Loch so ab (Achtung, es wird unschön!): Am Anfang, ungefähr zwei Wochen nach der Zeugnisverleihung, ist noch alles gut. Es nagt ein bisschen in meinem Inneren, wenn ich während der Abifahrt alias Saufgelage an einem spanischen Strand darüber nachdenke, was ich in zwei Monaten wohl machen werde. Doch das wird verdrängt. Noch.

Jetzt will ich doch wieder einen Plan

Direkt nach der Rückkehr zu Hause befrage ich ganz motiviert Google. Ganz schnell sinkt meine Laune wieder. Und sinkt. Und sinkt. Auf einen wirklich tiefen Tiefpunkt. Denn auf bittere Weise lerne ich, wie beschissen es ist, minderjährig und fertig mit der Schule zu sein.

Ein FSJ im Ausland wird von kaum einer Organisation für Minderjährige angeboten. Das macht ja auch Sinn, denn die Vorstellung, mitten in Afrika im Nirgendwo zu stecken, ohne jemanden zu haben, der offiziell dazu berechtigt ist, für einen zu unterschreiben, ist schon ein bisschen verunsichernd. Bräuchte ich dort zum Beispiel für die Teilnahme an einer Reise eine Unterschrift eines meiner Erziehungsberechtigten, wäre die Reise längst vorbei, bevor das zu unterschreibende Formular überhaupt in Deutschland angekommen wäre. Oder, bedeutend schlimmer, ich müsste zum Arzt oder was auch immer. (Ich werde trotzdem irgendwann ins Ausland gehen, in den Urlaub, alleine, egal ob minderjährig oder nicht!)

Diesen Traum musste ich mir also abschminken. Her mit der nächsten Idee!

Kellnern auf einer Alm im Allgäu oder der Schweiz – hört sich gut an. Im Kleingedruckten steht aber ganz unten auf der Website:»Sofern du dein 18. Lebensjahr vollendet hast [...], freuen wir uns auf deine Bewerbung!« Auch dieser Traum ist geplatzt. Sehen wir es positiv – so habe ich wenigstens nicht die Qual der Wahl und hadere später mit mir, weil ich denke, ich hätte vielleicht doch lieber eine meiner vielen anderen Möglichkeiten ergreifen sollen.

Für das Unterstützen italienischer Bauern, denen ein Familienmitglied für die Ernte fehlt, gilt das Gleiche wie für die Arbeit auf Almhütten. Aber: Ein FSJ in Deutschland können auch Minderjährige gerne machen! Nur hält sich meine Motivation dafür in Grenzen, und ich möchte wirklich etwas tun, was mir Spaß macht. Wenn ich ein FSJ in Deutschland mache, kann ich auch genauso gut eine Ausbildung machen: Die dauert nur ein Jahr länger, ich hätte einen Abschluss und ich würde mehr richtige Arbeit leisten. Denn als FSJler bekommt man ja laut Gerüchten und Erzählungen eher die blöden Aufgaben: Bring das mal da-, das mal dorthin etc. etc. Als kleinen Bonus bekäme ich bei der Ausbildung auch gleich mehr Geld. Da ich aber gerne nächstes Jahr reisen würde, möchte ich nicht unbedingt vor dem Studium eine Ausbildung machen. Ich will die Welt sehen! Warum ich nicht genau jetzt, direkt nach meinem Abschluss, reise? Das mit dem Organisieren ist da so ein Problem, und es gibt zahllose Unterkünfte und Reiseunternehmen, die es Minderjährigen nicht erlauben, bei ihnen zu buchen. Das geht schon los, wenn ich mit dem FlixBus in die nächste Stadt fahren will. Und irgendwo mutterseelenallein in Skandinavien in einem kleinen Dorf zu stehen und keine Bleibe zu bekommen, weil ich nicht volljährig bin – das muss nun wirklich nicht sein.

Weiter geht es mit dem Bundesfreiwilligendienst (BFD) – aber was für einer? Eigentlich geht es mir wirklich nur darum, das halbe Jahr bis zu meinem Geburtstag im Januar zu überbrücken, aber nichts zu tun kommt für mich nicht infrage. Dass der Wunsch nach Planlosigkeit mich in so ein Dilemma führen würde, hatte ich eigentlich nicht erwartet. Vielleicht hätte ich mich, hätte ich das gewusst, doch schon während der Schulzeit zum Planen bringen lassen. Wobei mir dieser Zustand der Planlosigkeit echt wichtig war. Nur war das Gefühl in meiner Vorstellung sehr viel weniger stressig gewesen. Alice stellt gerne philosophische Fragen, wer tut das nicht gerne mal? Also ist ihre Frage hierzu, was so schlimm ist an Untätigkeit, dass sie reihenweise Abiturienten in einen dauerhaften Schlechte-Laune-Modus versetzt?

Wie Eltern mit Planlosigkeit umgehen könnten

Eine Antwort hat sie darauf noch nicht gefunden, sicher ist sie sich aber, dass Eltern, die die Untätigkeit ihres Kindes oder ihrer Kinder ständig ansprechen und verurteilen, die schlechte Laune derselben nicht gerade positiv beeinflussen. Also, liebe Eltern: Seid geduldig, brecht bitte nicht gleich in Panik aus, wenn Euer Nachwuchs zwei drei Wochen lang einfach nur das Leben genießt. Und – bitte – fragt nicht dauernd nach inexistenten Plänen, bevor Woche fünf anbricht. Zumindest, wenn Euer Nachwuchs solche Fragen ganz offensichtlich nicht gerne hört.

Irgendwann in der näheren Zukunft sitzen alle Abiturienten so wie ich da und bekommen immer schlechtere Laune, denn es gibt immer mehr Kinder, die mit fünf eingeschult werden. Und mein Vertrauen darin, dass man irgendwann auch mit siebzehn Jahren schon einen FlixBus buchen oder wählen gehen darf, geht gegen null. Mit der Entscheidung über das, was wir studieren wollen, oder welche Ausbildung wir machen, beschließen wir, wie unser Leben sich innerhalb der nächsten vier Jahre entwickeln wird. Das traut man uns zu. Aber einen Wahlzettel dürfen wir nicht anrühren. Irgendwie ist das ziemlich paradox.

Bis zu dem Moment wusste ich nicht, wie schlecht gelaunt ich sein kann. Ich war einfach verzweifelt. Das alles schlug mir so sehr auf die Stimmung, dass ich aus Frust nach ein paar Tagen eine noch engere Beziehung mit Netflix einging. Keiner wusste weiter. War ein Praktikum eine Lösung? Theoretisch wusste ich ja schon, was ich später werden wollte, trotz einiger Unsicherheiten. Ein Praktikum wäre also gut, wenn es ...

1. ... in diesem Berufsfeld Praktika für Nichtstudenten gäbe,
2. ... wirklich etwas mit meiner eventuellen beruflichen Laufbahn zu tun hätte.

Außerdem ist die Meinung sehr verbreitet, dass mein Wunschberuf sowieso bald nicht mehr existieren wird. Lektorin würde ich gerne werden, aber Bücher gibt es ja immer weniger und weniger. Doch wer hört bei seiner Zukunftsplanung nicht schon mindestens ein einziges Mal, dass der Berufswunsch, das Reiseziel, die Fortbildung, der Hauskauf (in zwanzig Jahren dann), das Haustier, das man sich gerade zugelegt hat, »keine Zukunft hat«? Sicherlich gibt es Berufe, die vermutlich aussterben werden, wie zum Beispiel des des Schriftsetzers aus Zeiten vor der Schreibmaschine – Schriftsetzer sind jetzt Mediengestalter: Sie tun eine ähnliche Arbeit, nur eben am Computer. So lange wie ein Mensch lebt, kann sich ein Berufsfeld wohl kaum so schnell ändern, dass Ausbildung oder Studium X wirklich absolut zu gar nichts mehr nützen. Allerdings vergisst man das gerne. Nicht einmal mehr nur diejenigen, die es betrifft, sondern auch diejenigen, die es eigentlich besser wissen müssten. Dann aber die, die ihre Wahl erst treffen müssen, verunsichern – herzlichen Dank. Das ist etwas, was meine Freunde und ich uns ständig ins Gedächtnis rufen müssen, sonst würden wir durchdrehen. Wie kann ein Studiengang »sinnfrei« sein, wenn es ihn schon seit mindestens 150 Jahren gibt? Meine Tante, die Germanistik studiert hat, hat damals ständig zu hören bekommen, dass »man damit doch nix machen kann«. Heute arbeitet sie bei einer Zeitung. Hoffentlich lassen wir alle uns nicht zu sehr von irgendwelchen Sternenbild-Zukunftsprognosen unserer Großmütter beeinflussen.

Kein Plan ist schei**

Google, oder eher die Suchergebnisse, die Google ausspuckt, lassen mich in mein Loch fallen (irgendwer muss ja schuld sein), und irgendwann sitze ich nur noch in meinem Zimmer, genieße You-Tube und Netflix und treffe ab und an Freunde. Vielen geht es ähnlich wie mir. Mit Netflix und YouTube oder irgendwelchen super zeitintensiven Hobbys lenken sie und ich uns ab von unserem Wunsch, irgendetwas Sinnvolles zu tun, in diesem Jahr nach dem Abi, dem Jahr, das eigentlich etwas Besonderes sein sollte. Von dem Wunsch, dass *die Idee* für unsere Zukunft plötzlich *da* ist.

Weil mein bester Freund ziemlich lieb ist und unsere Freundschaft schon darunter leidet, dass ich so unbedingt einen Plan für das nächste halbe Jahr brauche, um wirklich fröhlich zu sein, setzt er sich zu mir und meinem zweitbesten Freund (wie gesagt: Netflix) und drückt die Leertaste. Die Prinzessin auf dem Bildschirm erstarrt mit einem ziemlich lächerlichen Gesichtsausdruck, und wir müssen lachen. Vielleicht werde ich Drehbuchschreiberin für Serien mit Prinzessinnenkleidern und Schlössern und Helden und Menschen, die ihr Leben im Griff haben. Anders als ich, die ich nicht einmal die Leertaste auf meiner Computertastatur unter Kontrolle hat! Allgemein kann man »das Loch« als eine Art Minidepression bezeichnen: Sie – oder wir? – lassen sich – oder uns? – schleifen, und werden streitsüchtig. Ob die anderen genauso traurig sind wie ich momentan, weiß ich nicht. Wir reden nicht viel darüber. Unsere »Löcher« halten unterschiedlich lange an, teilweise haben sich auch schon »Löcher« von älteren Geschwistern von Freundinnen über mehrere Monate gezogen. Mein »Loch« findet aber einen doch recht schnellen Tod, denn es versteht sich nicht besonders gut mit meinem besten Freund Otto: Ich versuche, den Film wieder zu starten. Otto lässt mich nicht. Blödmann. Er fragt mich, wie er mir helfen kann, ich sage, dass ich es nicht weiß. Ungefähr eine Woche später (es ist mittlerweile Mitte August) setzt er sich wieder zu Netflix und mir und lässt Sherlock mitten in einem brillanten Gedankenfluss innehalten: »Was hältst du davon, wenn wir zwei zusammen nach Berlin ziehen, für ein halbes Jahr?«

Ja, das ist mal ein Vorschlag. Ein ziemlich großer. Er weiß, dass ich weg von zu Hause will und eine Pause von der Familie brauche. Und er weiß, dass mein Vater aus Jobgründen in unserer Hauptstadt eine Ein-Zimmer-Wohnung mietet, die er uns vielleicht überlassen könnte, da er eh nur sehr selten dort ist. Berlin, die Drei-Millionen-Stadt, bedeutet Freiheit. Dort ist ein Individuum nur eines von vielen, es gibt außerdem immer jemanden, der mehr verkackt als du. Und so bin ich wieder ein bisschen fröhlicher. Manchmal ist es schön, daran erinnert zu werden, nicht ganz unten in der Rangordnung des Erfolgs zu stehen. Auch Otto hatte bis jetzt noch keinen Plan, was er im nächsten halben Jahr machen soll.

Wenn das mit Berlin wirklich klappen sollte, das wäre klasse. Ganz besonders, weil meine Eltern schon wieder Stress machen: »Olga, was soll denn das, du tust jetzt schon seit Wochen gar nichts!« Die klassische Beschwerde also – die ich übrigens eigentlich ganz gut nachvollziehen kann. (Trotzdem, liebe Eltern, lasst Euren Verdruss bitte nicht so raushängen, das macht es nicht besser!) Was sie wohl denken? Ob sie Angst davor haben, dass sie mich den Rest ihres Lebens Netflix schauend an der Backe haben? Wir streiten wieder viel, und meine Brüder hören schadenfroh zu. Noch erzählen Otto und ich unseren Eltern nichts von unserem Plan, aber innerlich bin ich schon wie ausgewechselt. Zwar brauchte ich das Loch wirklich, um wenigstens einmal zu wissen, dass es gerade keine dämlichen Verpflichtungen wie Schule gibt (und das tat ja schon irgendwie gut) – aber jetzt ist es gut, wieder einen Plan zu haben, egal was das für einer ist. Hauptsache Plan.

Dazu käme, wenn Berlin wirklich hinhaut, dass Otto und ich die vermutlich einzigen Glückspilze sein werden, die nicht dieses blöde Wohnungsproblem haben, wenn sie ausziehen. Ein paar Mitschüler haben Eltern, die ihnen zu WG-Zimmern oder sogar eigenen Wohnungen verholfen haben. Einige wohnen bei irgendwelchen Verwandten, zur Überbrückung. Diese Überbrückung wird aber vermutlich ziemlich lange dauern. Meine drei Cousinen haben vor einem Jahr, als sie selbst Abitur gemacht haben und direkt anfingen zu studieren, kurzerhand eine eigene WG gegründet. Bis sie herausgefunden hatten, wie sie das am besten anstellen, hat das eine Weile gedauert. Welcher gewöhnliche Abiturient hat auch schon mal einen Mietvertrag abgeschlossen? Wer von uns weiß schon, wie hoch Nebenkosten normalerweise sind? Wie funktioniert das mit Rundfunkgebühren? Ich bewundere sie sehr, dass sie das geschafft haben. Ohne die Hilfe ihrer Eltern, muss man dazu sagen. Auch wenn es meiner Meinung nach im Notfall auch mal klargeht, sie um Hilfe zu bitten, es alleine zu schaffen, muss toll gewesen sein. Ihre Unabhängigkeit ist praktisch ein Sinnbild für das, was sich ein jeder Abiturient (außer den Zuhausebleibern) wünscht.

Ende des Monats sind nicht mehr viele aus der Gemeinschaft der Planlosen übrig. Die meisten ziehen von Mama und Papa weg oder haben ein FSJ oder so zuhause angefangen.

Es geht los, das,»was wir nun tatsächlich nach dem Abi machen«.

Kindergeld und anderer Papierkram

Bis jetzt unerwähnt ist, dass unsere WhatsApp-Abi-Gruppe natürlich immer noch existiert. Die größte Spam-Gruppe, in der ich je war, diskutiert jetzt zum ersten Mal seit dem Thema

»Abi-Vorfinanzierung« über etwas wirklich Wichtiges: Kindergeld. Eigentlich nur ein einzelnes Wort. Es beschreibt eine gute und wichtige Sache, allerdings ist die zugehörige Bürokratie ätzend und bestimmt mit den Steuererklärungen meiner Eltern zu vergleichen.

Ist die Schule wirklich *so* unnütz gewesen? Letztlich ist es gar nicht so schwer, Kindergeld zu bekommen, erfahre ich durch besagte Abi-Gruppe: Sofern du ein Praktikum machst oder anfängst zu studieren, bekommst du es bis Anfang oder Ende deines 25. Lebensjahres (genauer weiß es auch keiner, aber »bis dahin ist ja eh noch Zeit, das sehen wir dann«). Nachweise dafür, dass man sich um obiges bemüht, reichen auch aus. So lese ich regelmäßig Sätze wie: »Es geht ja nicht darum, dich wirklich einzuschreiben, sondern darum, dass die Bewerbung abgelehnt wird.«

»Trotzdem lieber noch mal anrufen«, heißt es in der Gruppe, das sagen die besonders gut Informierten, egal worum es geht. Irgendwie ironisch, oder? Die Diskussion geht weiter mit der Frage, wie jeder Einzelne von uns der Frau von der Kindergeldstelle wohl am besten erklären kann, dass er oder sie, achtzehn Jahre alt und fertig mit der Schule, chillen und verreisen, aber trotzdem noch weiter Geld einkassieren möchte. Währenddessen raffe ich mich aus meiner Gemütlichkeitstrance auf, um dort anzurufen und erfahre, dass ich, die einzige Minderjährige aus meiner Stufe, endlich mal einen Vorteil gegenüber meinen Freunden habe: »Bis du volljährig bist, bekommst du auf jeden Fall das Kindergeld, dann bekommen Deine Eltern einen Brief von uns.« Es ergibt sich selten ein Vorteil für die Jüngeren, außer es geht ums Geld. Da bekommen wir immer mehr. Zinsen bei der Bank, Kindergeld ohne blöde Nachweise, Fahrscheine bei der Deutschen Bahn, und so weiter und so fort. Den eigentlich nicht mehr gültigen Schülerausweis dabeizuhaben, kann auch nie verkehrt sein, wenn man zum Beispiel im Kino an der Kasse steht.

Wir scheinen uns jetzt wirklich ausnahmslos alle fröhlich mit Papierkram rumzuschlagen, denn auf WhatsApp geht es plötzlich darum, ob man Studiengebühren zahlen muss, wenn man sich nach einem abgebrochenen Studium neu einschreibt. Muss man anscheinend – Pech für alle, die so an Kindergeld kommen wollten, aber vorhatten, erst in einem Jahr wirklich anzufangen zu studieren. Aus der Kindergeld-Diskussion gewinne ich eine neue Ausrede fürs Faulsein. Denn Diskussionsbeiträge wie »Bei meiner Schwester war das so!« oder »Hä, aber bei meiner Cousine war es anders« haben mir gezeigt, dass es sich gar nicht so richtig lohnt, immer über alles, was man in Zukunft noch machen muss, Bescheid zu wissen. Die Regelungen ändern sich eh ständig. Und außerdem: Wenn alle immer über alles informiert wären, wären viel mehr Leute arbeitslos. Zum Beispiel die unfreundliche Frau von der Kindergeldstelle, mit der ich telefoniert habe. Denn diese ganzen Informationstelefonate wären unnötig.

Genug zum Erkundigungswahnsinn! Ich beschließe, mich weiter um Berlin zu kümmern. Was will ich alles mitnehmen in die Hauptstadt und vor allem: Was will ich dort machen? Ein cooles Praktikum? Eigentlich ist mein Interesse daran immer noch eher begrenzt. Jobben und für eine Reise sparen? Wenn ich das mache, wohin soll die Reise gehen? Oder soll ich irgendeine Ausbildung anfangen und dann mal gucken, ob ich die noch fertig mache, wenn ich endlich volljährig bin?

Ich bewerbe mich auf der Stelle für mehrere Ausbildungsplätze, aber irgendwie scheint man zu merken, dass ich keine geeignete, geschweige denn motivierte Kandidatin bin. Alle sagen mir noch am selben Tag ab. Das nenne ich eine schnelle Rückmeldung – wie schön!

Egal, ich freue mich trotzdem, irgendetwas wird sich schon finden. Und nur für den unwahrscheinlichen Fall, dass sich nichts findet, ist es trotzdem gut, nicht mehr zu Hause zu leben, bis ich mir was anderes überlegt habe. So bekommen meine Eltern dann wenigstens nicht mit, dass es nicht läuft und können mir also auch nicht die ganze Zeit irgendetwas vorwerfen. Als ob sie es selbst damals besser gemacht hätten. Von meiner Mutter weiß ich, dass sie zwar direkt nach dem Abi anfing zu studieren – sich aber sehr, sehr (*sehr!*) kurzfristig eingeschrieben hat. Sie kennt also dieses Gefühl des »Keine-Ahnung-was-sich-ergibt«, und trotzdem setzt sie mich unter Druck. Wahrscheinlich ist es keine Absicht. Ausziehen will ich trotzdem.

📞 WhatsApp-Gruppe
»Pfarrhauskinder«

Bruder 1: *Olga, schon wach?*
Ich: *Ja, was los?*
Bruder 2: *Wow, es gibt Mittagessen und schon du lebst?*
Ich: *Lass mich.*
B 2: *Was denn, du machst den ganzen Tag lang nichts während wir in die Schule arbeiten.*
B 2: *Fang endlich was an mit deine leben.*
B 1: **der Schule.*
B 2: *Halts maul.*
Ich: *Wenn ihr dann gleich zu Hause seid, seht ihr auch, dass ich für euch gekocht habe.*
B 1: *Frau Mullah ist nicht da?*
Ich: *Gern geschehen*
B 2: *Wenigstens kochen kannst du.*
B 1: *Er hat aber recht, du musst etwas anderes machen als schlafen im deinen leben, Olga!*
Ich: *LASST MICH DOCH ENDLICH EINFACH IN RUHE!!!*

»Frau Mullah« ist meine Stiefmutter. Als meine Brüder noch nicht so gut Deutsch konnten, haben wir versucht, ihnen den Beruf »Pfarrer/in« zu erklären. Und die einfachste Übersetzung war: »(weiblicher) christlicher Mullah«. Seitdem ist sie »Frau Mullah« oder »Mama Mullah«.

5. Selbstständigkeit: ein neues Leben

Am kommenden Samstagabend fragen Otto und ich meinen Vater, wie hoch die Miete für die kleine Berliner Wohnung ist und ob wir eventuell dorthin ziehen dürften, möglichst im September. Samstags muss er nicht arbeiten und kann ausschlafen, das heißt, dass er dann am empfänglichsten für Bitten seiner Kinder ist. Und Papa sagt Ja. Das Loch ist überwunden.

Meine Oma zeigt mir gerade ihren neuen Sonnenschirm auf der Terrasse (der alte war knapp dreißig Jahre alt) und sinniert lächelnd darüber, wie schön es wird, wenn sie und ich da ab jetzt jeden Tag sitzen können, als mein Vater dazukommt und ihr die Neuigkeit von meinem Auszug erzählt. Warum er das erzählt und nicht ich, keine Ahnung – wahrscheinlich sieht er in mir immer noch seine kleine fünfjährige Tochter mit dem tropfenden Eis in der Hand. Meine Oma schaut mich traurig an. Sie scheint die Einzige zu sein, die es nicht stören würde, wenn ich weiterhin einfach nichts tun würde. Vorausgesetzt natürlich, ich würde dafür mit ihr gemeinsam abhängen. Aber dann lächelt sie und meint, ich wäre »nun ein großes Mädchen«.

Tatsächlich endlich ausziehen

Jetzt gilt es nur noch, ein paar Dinge zu erledigen, wie unsere Ummeldungen, unseren Kram in die Berliner Wohnung zu schaffen – und uns zu überlegen, was wir denn überhaupt in Berlin machen wollen. Lauter Dinge, die man erst einmal lernen muss, vor allem das mit der Ummeldung. Bei einem meiner etlichen Besuche beim Bürgeramt realisiere ich dann, dass auch Beamte nur Menschen sind, mit denen man reden kann, die einem nicht sofort den Kopf abreißen, wenn man nicht jede klitzekleine Vorschrift befolgt. Alles in allem lerne ich gerade, mich selbst zu organisieren, dass die Welt doch nicht so furchteinflößend ist, wie früher oft gedacht.

Der Umzug an sich, etwa das Thema »Kisten schleppen« hat sich ziemlich schnell erledigt: Ottos und mein Vater fahren beide eine Runde mit dem Auto nach Berlin, da ist jeweils unser Kram drin. Zu irgendwas müssen Väter sich ja auch mal nützlich machen. Zumindest ich als Mädchen kann sagen, dass mein Vater ganz genau dazu da ist. Na gut, unter anderem. Der Haken an der Sache: Natürlich nehme ich nicht mein ganzes Eigentum mit nach Berlin – es wäre Irrsinn, etwa meinen ganzen Schrank mitzunehmen. Also lasse ich, was ich nicht brauche, zu Hause. Schön in meinem Zimmer verstaut und halbwegs vor Staub geschützt. Kein Problem? *Doch: ein Problem!* Mein Vater hat einmal aus einem Wikinger-Schach Feuerholz gemacht, weil er nicht wusste, »was das denn für Klötze sind«. Damit Ihr es auch wisst und nicht den gleichen Fehler macht: Wikinger-Schach ist ein Spiel, das draußen und in zwei Teams gespielt wird, es werden Klötze aufgestellt und jeder versucht, die Klötze des anderen wie beim Dosenwerfen zu treffen.

Also schnappe ich mir kurzerhand alle Post-its, die sich finden lassen und schreibe auf jedes einzelne meinen Namen. Dann klebe ich die Zettel auf alle meine Möbel und meine Klamotten-Kisten, auf Bücher und jeden anderen Kleinkram, der so in meinem Zimmer herumfliegt. Nicht, dass der liebe Papa, der manchmal etwas schwer von Begriff ist, meine Gummistiefel in meinem Zimmer mit denen meiner Großmutter im Keller verwechselt und sie wegschmeißt. Hoffentlich klappt das mit den Post-its.

Durch meinen Umzug ist auch mein Verhältnis zu meinen Brüdern wieder besser geworden. Ich bin erst zwei Wochen weg, aber wir telefonieren schon wieder. Das tut gut. Manches Wort unter uns war nicht schön für mich.

Sich bewerben: wie Frust-Shoppen

Ich habe noch nie Arbeit gesucht, weil ich welche brauchte, sondern immer nur, um mir ein bisschen Geld anzusparen. Bis jetzt. Denn jetzt lebe ich in einer eigenen Wohnung und habe sowohl Miete als auch Essen und teure Berliner Monatskarten für den öffentlichen Nahverkehr zu bezahlen. Das Kindergeld reicht da natürlich nicht, und nächstes Jahr möchte ich ja auch reisen. Dafür werde ich das meiste von dem, was ich verdienen werde, sparen. Mal ganz davon abgesehen brauche ich so langsam echt wieder eine Beschäftigung, sonst werde ich noch verrückt. Also ran an die Suche! Was ich sehr schnell feststellen konnte: Wenn man das Ganze mit der richtigen Sichtweise betrachtet, ist »Arbeit suchen« etwas ziemlich Lustiges. Fast wie shoppen. Wenn man zum Beispiel ganz bestimmte Schuhe sucht, also mit einem ganz bestimmten Muster. Diese Schuhe gibt es aber nicht – in der ganzen Stadt! Und auch nicht in der Nachbarstadt, im Internet sind sie auch ausverkauft (das geht tatsächlich, ich spreche aus erst kürzlich gemachter Erfahrung: Eigentlich dachte ich immer, dass es in

den unendlichen Weiten des Internets kein »Ausverkauft« gäbe).
Dann kauft man sich die gleichen Schuhe in einer anderen Farbe
und bestickt oder bemalt sie so, dass sie idealerweise noch viel
schöner werden als die, die man eigentlich haben wollte. Da mir
das gerade ganz genau so passiert ist, kenne ich das System
schon – falls ich keinen guten Job finde, gestalte ich mir die zweite
Wahl eben so schön wie möglich.

Anderer Vergleich: Diese Situ-
ation, die nur Vielfraße schon einmal erlebt haben, wenn man zu
Hause ist und man aus Langeweile immer wieder in die Küche
geht, um sich etwas zu essen zu holen, aber zu faul zum Kochen
ist. Da sinkt die Ekelgrenze von Mal zu Mal. Für alle, die das nicht
kennen: Der Kühlschrank geht auf, und gleich setzt die Enttäuschung ein, weil da nichts super Leckeres ist, was nicht mehr gekocht werden muss: nur Naturjoghurt, Pesto, Butter, Parmesan
und eine Gurke. Beim ersten Mal wird der Kühlschrank dann einfach wieder zugeknallt. Fünf Minuten später stehst du dann
schon etwas länger davor. Beim dritten Mal kontrollierst du nur,
ob du noch richtig weißt, was da ist. Und beim vierten Mal öff-
nest du den Kühlschrank, um dir das Pesto, den Joghurt und die
Gurken zu holen und alles aufzuessen, wie es dir eben in die Finger gerät.

Am Anfang ist man also wählerisch, sucht sich nur die Stellenangebote raus, die in vielerlei Hinsicht zu einem passen. Dann
gibt es entweder keine Rückmeldung – das ist der Moment, in
dem man merkt, dass es kein Nutella mehr zum Löffeln gibt.
Oder es regnet Absagen, was an sich ja auch fürs Erste nicht so
schlimm ist – das ist der Moment, in dem klar wird, dass das Einzige, was es noch zum Löffeln gibt, grünes Pesto ist, weil man vor
drei Tagen vergessen hat, Nutella auf die Einkaufsliste zu schreiben.

So etwas muss man möglichst mit Humor nehmen, ansonsten
kommt ganz schnell wieder schlechte Laune auf. Nachdem ich

meine ersten Versuche, einen Job zu bekommen, gestartet habe, indem ich einfach bei Restaurants angefragt habe, bin ich ziemlich deprimiert. Denn die haben mich wochenlang in dem »Oh-die-Nutella-ist-leer«-Stadium verweilen lassen. Kleiner Tipp: Bewirbst Du Dich in einem Restaurant oder Café oder etwas Ähnlichem, solltest Du davon ausgehen, nie wieder etwas von denen zu hören. Dann freust Du Dich, wenn doch ein Rückruf kommt und bist nicht enttäuscht, wenn dem nicht so sein sollte. Als ich also merke, dass ich nicht mehr darauf hoffen muss, Rückmeldung zu bekommen, suche ich weiter. Dieses Mal in der U-Bahn. Dort kleben nämlich überall Aufkleber mit Stellenangeboten: Studienteilnehmer, Putzhilfen, Callcenter-Agenten, Kellner, Erzieher, Floristen etc. etc. werden gesucht. So bin ich auch in der U-Bahn mit Jobsurfen (das bedeutet für mich: Unternehmen und Stellenangebote zu googeln) beschäftigt, wenn ich von einem Stadtteil in den nächsten fahre, um überall in Berlin zu schauen, ob es in Restaurants Personalmangel gibt. Ich sortiere die Fahrgäste in den Berliner U-Bahnen in fünf verschiedene Kategorien: Die Touristen, die Schüler, die genervten oder gestressten Berliner, die, vor denen alle ein bisschen Angst haben, und die Arschlöcher.

Die Touristen sind harmlos, sie verstopfen die Bahn mit ihren riesigen Fotoapparaten und (oder) Gepäckstücken, ihren riesigen Fahrplänen (dass die auch in den Bahnen überall hängen, sagt denen auch keiner, oder?) und ihren Tourist-Welcome-Cards, die irgendwie ganz erstaunlicherweise doch ein bisschen teurer sind als die normalen Fahrkarten. Ups, jetzt habe ich es verraten. Die Schüler sind auch harmlos, zumindest, wenn man Lärm gut abkann. Die sind nämlich entweder müde oder viel zu aufgedreht, und die Fünftklässler rempeln immer alle mit ihren überproportionierten 4YOU-Rucksäcken an. Ich glaube, ich hatte auch so einen. Aber trotzdem. Als Nichtschüler ist es in Ordnung, sich über sie aufzuregen, finde ich – ein bisschen Spaß muss sein. Eigentlich sind auch die nächsten zwei Sorten Mensch echt harmlos, nämlich die arbeitende Berliner Bevölkerung, die mit Einkaufstaschen voller Lebensmittel eingeklemmt auf den Klappsitzen neben der Tür sitzt und böse guckt. Die, vor denen alle ein bisschen Angst haben, die eigentlich ziemlich unbegründet ist, sind die netten Damen und Herren mit großer Tüte über der Schulter und der Obdachlosenzeitschrift in der Hand, die freundlich einen guten Morgen wünschen und auf dem Weg durch die Bahn in Berliner Mundart fragen, ob jemand gerne eine Zeitung kaufen, eine leere Pfandflasche (die nicht vorher Alkohol beinhaltete!) oder etwas zu essen spenden möchte. Ich mag diese Leute, das sind die Einzigen, die in der Bahn nicht so tun, als würden sie nicht merken, dass sie wie alle anderen auch von allen Seiten beobachtet werden. Dann gibt es natürlich noch die Arschlöcher. Die Arschlöcher sind eine Randgruppe, ein wilder Mix aus ein paar Touristen und besoffenen Berlinern. Die Arschlöcher beschimpfen Obdachlose, deren Hintern nicht parfümiert ist und die nicht so gut riechen wie sie selbst.

Heute haben wir besonders viele Arschlöcher auf dem Bahnsteig, an dem ich immer noch stehe, und einen Mann mit zerrissener Hose und Pappbecher in der Hand. Darin klimpert es nicht. Gar nicht. Der Mann humpelt, er läuft zum Ende des Bahnsteigs. Alle, an denen er vorbeiläuft, verziehen das Gesicht. Die ersten Bemerkungen: »Boah ey, wenn der in die Bahn steigt, dann stinkt das ja.« – »Ja, Mann, im ganzen Waggon« – »Widerlich, echt eklig, igitt!« Alle hören es. Natürlich steigt der Mann mit dem Becher in den Zug, der aus nur einem einzigen, langen Wagen besteht. Die Menschen in der Bahn, auch die vorher so nett wirkenden, verziehen wieder ihre Gesichter und halten sich ihre Schals vor Mund und Nase, als der Bettler vorbeikommt. Sie schauen ihn angeekelt an. Drehen sich weg. Nett zu sein, hat diesen Leuten niemand beigebracht. Auch kein Lehrer in der Schule. Ich will mich nicht über diese Menschen erheben, auch ich umarme den Mann nicht. Doch ich lächle ihn wenigstens an und vermeide es, mir den Schal ins Gesicht zu drücken. Jedes Mal, wenn ich wieder so eine Situation erlebe, frage ich mich: Was wäre, wenn ich an der Stelle des Bettlers wäre? Wie wäre meine Geschichte, wie ist die seine? Was hat diesen Menschen zu dem gemacht, der er nun ist? Und warum verhindert es keiner? Warum stehe auch ich nicht auf, warum mache ich nichts Hilfreiches, warum gebe ich dem Mann keine frische Kleidung?

Vorschlag für das Bildungsministerium: Schulfach »Nett sein und andere nicht mobben«. Denn da versagen sie alle, die Pädagogen und die Vertrauenslehrer und die Streitschlichter, und wir Schüler auch. Vielleicht liegt es nicht an mangelnder Motivation. Doch ihre Methoden funktionieren nicht, sonst gäbe es ein rücksichtsvolleres Verhalten an den Bahnhöfen.

Läuft alles – bis auf die Technik

Dummheit tut weh, ich lehne meine erste Möglichkeit auf einen Vertragsabschluss ab, weil ich noch auf Rückmeldung von einem Restaurant bei mir um die Ecke warte. Das Restaurant meldet sich nicht bei mir. Genau so wenig die Bäckerei in meiner Straße oder sonst irgendjemand. Ich fange an, mir die Frage zu stellen, ob mit meinem Mail-Account etwas nicht stimmt, denn ich hätte wenigstens Absagen erwartet. So bin ich einfach nur enttäuscht von unfreundlichen und unhöflichen Arbeitgebern. Dann bekomme ich doch eine Rückmeldung von einem Callcenter – das ist der »Ihhh-es-gibt-nur-Pesto!«-Moment. Aber besser als gar nichts, und für mich ein Zeichen, dass ich weiter Bewerbungen verschicken kann. Und so mache ich weiter. Aufgrund meines Alters nimmt mich das Callcenter nicht an, schade war's – obwohl es nur das Pesto ist, das auf den Boden gefallen und jetzt nicht mehr essbar ist.

Es ist Montag, und ich bekomme eine Mail. »Sehr geehrte Frau, hiermit laden wir Sie zu einem Probearbeitstermin ein, bitte suchen Sie sich doch einen der unten angegebenen, uns möglichen Termine aus oder schlagen Sie einen anderen vor, wenn Sie zu unseren Terminvorschlägen keine Zeit haben.« Ich wurde noch nie mit »Sehr geehrte Frau« angesprochen. Wo ist mein Name hin? Egal, ich mache einen Termin aus. Zwei Minuten später ruft mich »Unbekannt« mit Berliner Vorwahl an. Ein Restaurantbesitzer meldet sich, um mich zu fragen, wann ich denn wohl Zeit zum Probearbeiten habe. Wir machen einen Termin aus. Am Bahnhof laufe ich an einer Bäckerei vorbei, die Chefin ist gerade auch da, und auch sie will mich zur Probe mal dahaben. Auf einmal ist die nächste Woche voll. Dann bekomme ich sogar noch die Möglichkeit zu einem Vorstellungsgespräch – manchmal wünschte ich, in der Schule hätte es Workshops gegeben, in denen beigebracht wird, wie man sich wann zu kleiden hat. Denn völlig unerwartet stehe ich im fast obersten Stock in einem superschicken Hochhaus und bin schlechter gekleidet als die superfreundliche Putzfrau, die in ihren zugegebenermaßen sehr schicken Arbeitsklamotten umherwuselt. Ups. Aber mit dem Chef dieser Zeitarbeitsfirma mache ich gleich einen weiteren Termin für einen Vertragsabschluss aus. Es hat nur vier Tage gedauert, und plötzlich kann ich in vier verschiedenen Unternehmen anfangen.

Jetzt rufen sogar noch mehr Chefs an und fragen nach, ob wir uns nicht mal treffen könnten. (Oh, ganz hinten im Kühlschrank steht ein vergessenes, altes Glas Nutella! Aber warum zur Hölle im Kühlschrank, welcher Depp hat das da hineingestellt? Da wird die Nutella doch nur hart!) Doch mir unterläuft ein grober Patzer: Gerade als ich mit einem potenziellen Arbeitgeber telefoniere, sperre ich mich und den Techniker, der Otto und mir Internet einrichten sollte, aus der Wohnung aus. Der Techniker fragt mich, ob ich das absichtlich gemacht hätte – ja klar, ich schließe mich gerne aus der Wohnung aus mit einem gestressten Techniker! – und schaut mich an, wie er wahrscheinlich seine Kinder immer anguckt, wenn sie ein Glas im Restaurant umgekippt haben. Ich bin nicht seine Tochter! Das macht mich immer ganz nervös, wenn Leute mich so anschauen. Mit knappen drei Prozent Akku rufe ich Otto an und frage, ob er kurz mit dem Schlüssel kommen kann. Er tut es. Als der Techniker hört, dass wir ca. eine halbe Stunde warten müssen, rastet er aus, und ich denke plötzlich wieder an die Waschmaschine, die gerade im Schleudergang war, als der Techniker kam. Wir müssen uns eigentlich immer auf die Maschine draufsetzen, wenn sie schleudert, weil sie sonst auseinanderkracht. Jetzt schleudert sie alleine. Ich horche an der Tür. Stille. Da ich aber an der Situation nun nichts mehr ändern kann, gehe ich an mein Handy mit fast leerem Akku, ein weiterer potenzieller Arbeitgeber will mir seine Nummer geben, damit ich ihn zurückrufen kann. Dann wird das Display dunkel und ich habe keinen Stift, um mir die Nummer noch aufzuschreiben. Aber merken kann ich sie mir. Otto kommt, erzählt kurz, dass sein Chef beim Praktikum mich ausgelacht hat, und schließt uns dann auf. Der Techniker verschwindet mürrisch, und dann geht auch mein Freund wieder. Die Waschmaschine hat den Schleudergang ohne Wasserschaden oder abgefallene Bauteile überlebt. Der Internetanschluss ist gelegt, und die Wäsche kann gemütlich aufgehängt werden. Wenigstens habe ich in der Schule Krisenmanagement gelernt. Wahrscheinlich habe ich eben einfach erst meine inkompetentesten Lehrer (die, die sich von ihren Schülern aus dem Klassenzimmer ausschließen lassen) und dann ihre kompetentesten Kollegen imitiert. Es ist gerade mal elf Uhr morgens.

Nachdem ich den potenziellen Chef, dessen Nummer ich mir noch gemerkt hatte, bevor mein Handy ausgegangen ist, zurückgerufen habe, mache ich mir Frühstück.

Was sagen die anderen?

Aber das alles war nur mein Glück. Aufregend und nervenaufreibend, aber trotzdem lief doch alles wie am Schnürchen. Gut, das mit dem Techniker war keine sehr glückliche oder gelungene Situation. Trotzdem musste ich danach ziemlich laut lachen. Das mit dem Ummelden hat irgendwie gut funktioniert. Ich habe Bewerbungsgespräche, sogar einen fast sicheren Job. Und das mit der Wohnung, nun ja, darüber habe ich ja schon geschrieben.

Anderen geht es da nicht so. Die harte Realität derer, die tatsächlich selber und ohne die Hilfe ihrer Eltern Wohnraum suchen, sieht nämlich echt übel aus: Die meisten meiner ehemaligen Mitschüler haben sich innerhalb weniger Wochen bei mindestens fünfzig verschiedenen WGs oder anderen Wohneinrichtungen beworben. Von den Wenigsten haben sie überhaupt Antwort erhalten. Bei ein paar können sie jetzt gerade Bewerbungsgespräche führen, sich die Wohnung anschauen und so tun, als wären sie die besten Mitbewohner, die eine Männer-WG aus drei Über-90-Jährigen bestehend sich nur vorstellen kann. Oder als Kerl, der sich auf einmal in einer WG voller kreischender und super aufgedrehter ätzender Studentinnen wiederfindet. Irgendwo müssen sie doch versteckt sein, die guten, halbwegs bezahlbaren Zimmer. Nur wo?

Kurzes Intermezzo zu G8

Apropos Studentinnen – wenn man sich unter frisch gebackenen Abiturienten umhört, muss man sich wirklich fragen, wozu G8 eingeführt wurde. Das muss man eigentlich sowieso tun angesichts der Tatsache, dass dieses System gerade teilweise schon wieder abgeschafft wird. Da in einigen Bundesländern ein anderes Schulsystem gerade aktuell ist (vermutlich noch zwei Wochen, dann ändern es viel beschäftigte Schulministerien wahrscheinlich wieder, nur um sich sofort wieder was Neues auszudenken): G8 bedeutet, dass man nach vier Jahren Grundschule acht Jahre aufs Gymnasium geht. Vorher war das System G9 lange Zeit angesagt, das heißt, unsere großen Geschwister, sofern sie Abi gemacht haben, gingen neun Jahre aufs Gymnasium. Also wurde die Schulzeit in den G8-Bundesländern von dreizehn auf zwölf Jahre verkürzt. Das ist passiert, damit wir früher anfangen, zu studieren oder uns anderweitig ausbilden zu lassen. Das Ziel dabei: Wir fangen früher an zu arbeiten und werden somit früher zu Steuerzahlern.

Aber: Ätsch, denn die meisten von uns studieren eben nicht direkt nach den besagten zwölf Jahren Schule. Zwar nicht unbedingt aus dem Grund, diverse Bildungsminister zu verarschen, trotzdem finde ich persönlich das Ganze ziemlich witzig. Lars wehrt sich sogar ganz bewusst und mit extrem großer Schadenfreude dagegen, früh anzufangen zu studieren: Jetzt ist er neunzehn, und morgen reist er ab nach Indien (für sein FSJ). In einem Jahr wird er wiederkommen, und dann möchte er sich bei der Bundeswehr verpflichten für erst mal ein Jahr, dann vielleicht ein weiteres Jahr. Jedes Mal, wenn er über seine zugegebenermaßen sehr umstrittenen Pläne spricht, bemerkt er fröhlich, dass er sich doch nicht einfach so »dem Staat«, »dem Bildungsministerium« oder sonst wem beugen wird. Er will sich mit dem Steuerzahlen etwas Zeit lassen. Das klingt abfällig und überheblich, aber so ist es nicht gemeint, sagt er. Und ich finde das toll. Denn es geht ja mehr darum, sich Zeit für sich selbst (für die eigene Reifung) zu nehmen, als dem Staat Steuern vorzuenthalten.

Lars will zum Bund – lässt man ihn?

Aber Lars hat mit seinen Plänen auch viele Kritiker. Nicht wegen der Steuerthematik. Das ist etwas, was die meisten von uns so sehen, nur eben nicht ganz so krass dagegen vorgehen wie er. Lars hat Probleme wegen seinen Bundeswehr-Plänen.

Drei Jahre zuvor:»Mama, Papa, was haltet ihr von der Bundeswehr?« Mama und Papa schauen ihn an, seine große Schwester kriegt sich nicht mehr ein vor Lachen. Sie beobachtet gespannt das Geschehen, während Mama und Papa sich ernsthaft bemühen, aus ihrer Schockstarre hinauszufinden.

Seitdem war das Thema Bundeswehr noch ein paar Mal Thema am Abendbrottisch, und Lars hat die Botschaft seiner mittlerweile wieder aus der Starre aufgetauten Eltern verstanden. Er will es trotzdem tun, obwohl sie nicht wollen, dass er sich verpflichtet. Lars Eltern unterstützen ihn bei der Informationsbeschaffung und allem anderen. Doch für Lars fühlt es sich nicht an, als stünden sie hinter ihm. Das enttäuscht ihn, er ist traurig. Selbst nach Jahren hat er keinen starken Rückhalt bei seinen Eltern, obwohl es einen Punkt betrifft, der ihm sehr wichtig ist. Seine Großmutter wünscht ihm Glück und schließt Wetten ab mit ihrer Schwester, wie lange Lars es aushält. Und dann gibt es neben der Familie noch alle anderen, die Lars in seiner Beschreibung mir gegenüber in drei Gruppen einteilt:

1. Diejenigen, die es nicht wichtig finden, ob jemand zur Bundeswehr geht, diejenigen, denen die Bundeswehr generell egal ist,

2. diejenigen, die tatsächlich positiv gegenüber der Bundeswehr eingestellt sind und jeden dabei unterstützen würden, sich zu verpflichten, und

3. noch die Mehrheit, diejenigen, die Lars, sobald auch nur das Wort »Bundeswehr« fällt, schräg angucken.

Gruppe Nummer 1 findet Lars noch in Ordnung, er ist, angesichts Gruppe Nummer 3, sogar fast Fan der Gleichgültigen. Mitglieder von Gruppe Nummer 2 scheinen sich versteckt zu halten, denn Lars trifft sie nicht oft. Dafür vermiest ihm Gruppe Nummer 3 regelmäßig die gute Laune. Viele seiner Freunde gehören zu dieser Gruppe, Lars nennt sie die »fast schon extreme Linksjugend, die nicht nur gegen die Bundeswehr ist, sondern teilweise ja schon gegen Soldaten und alle anderen Angestellten bei der Bundeswehr hetzt«. Ein Beispiel dafür ist Alice, auch wenn sie nie im Leben zugeben würde, irgendetwas mit der Linken als Partei am Hut zu haben. Wenn Lars zu hören bekommt, dass die Bundeswehr *schlecht, scheiße, völliger Schwachsinn* sei, dann wird er wütend. Für Lars ist es nicht die Bundeswehr selbst, die manchmal Mist baut, sondern die Regierung, darüber lässt sich zwar teilweise streiten, aber trotzdem: Sein Standpunkt baut darauf auf, dass Soldaten nicht nur als einfache Kampfmaschinen unterwegs sind, sondern als Repräsentanten Deutschlands, die in den Einsatzgebieten Werte vertreten. Und somit versuchen, die Welt vielleicht ein kleines bisschen friedlicher zu machen. Lars hat den Mut, eine eigene Meinung zu haben – und noch dazu eine, die sonst kaum einer vertritt. Anscheinend haben seine Lehrer und Eltern in den Punkten Meinungsbildung und Unabhängigkeit gute Arbeit geleistet. Und mich überzeugt er.

Noch ganz in meinem Planungsschub wegen des Umzugs und der Arbeit und allem Drum und Dran fange ich selber an zu überlegen, zur Bundeswehr zu gehen. Den Gedanken verwerfe ich aber auch ziemlich schnell wieder. Eine Soldatin bin ich nämlich definitiv nicht. Dennoch scheint es zum Erwachsensein dazuzugehören (mit »erwachsen« meine ich, alleine zu wohnen, die eigene Zukunft zu planen und, wie man so schön sagt, eben einfach »flügge« zu sein), sich darüber Gedanken zu machen, wie man die Welt verbessern möchte. Es beeindruckt mich, was Lars vorhat. Ich bewundere ihn. Er wird vielleicht wirklich etwas bewirken können, er bekommt die Chance dazu. Und welches Schulkind träumt nicht ab und an davon, ein Held zu werden, wenn es groß ist? Aber jetzt, wo einem alle Möglichkeiten offenstehen, da sitzt man nur vor dem Computer, googelt sinngemäß »wie rette ich die Welt und werde zum Helden« und weiß nicht weiter.

Haben wir in der Schule nicht gelernt, wie wichtig es ist, etwas Gutes zu tun? Doch: Müll trennen zum Beispiel? Aber auch: Mitmenschlichkeit, man könnte auch Nächstenliebe sagen. In der Schule lernen wir nur, wie schlecht es um unseren Planeten steht. Aber was wir, wir als Personen, die sicher nicht alle Umweltminister werden, tatsächlich tun können, davon hat keiner eine Ahnung. Die kleinen Schulkinder von früher sind jetzt, da sie Helden werden könnten, aufgeschmissen, wenn sie träumen. Es ist wirklich deprimierend.

Ich denke dabei gerade an meine Großmutter. Mit achtzehn hat sie ihr Abitur gemacht: Bevor die Prüfung beginnen konnte, musste die ganze Klasse auf eine Mitschülerin warten, deren Haus gerade bei einem Bombenabwurf getroffen worden war. Die Schülerin kam zu spät, weil sie sich vorher aus den Trümmern befreien musste. Zwei Jahre lang hatte sie dann Zeit, sich zu überlegen, was sie werden möchte. Ein Jahr nach dem Krieg begann sie eine Ausbildung als Hebamme und Kinderkrankenschwester. Sie hat Zerstörung erlebt und dann einen Beruf ergriffen, bei dem es auf Fürsorge und das Erhalten von Leben ankommt. Kann Lars' Interesse, in einer Armee zu dienen, die demokratische Werte vertritt, nicht in einem ähnlichen Licht gesehen werden? Vielleicht werde ich doch nicht Lektorin, sondern ergreife einen sozialen Beruf.

»Die Institution Schule ist überholt«

Eine interessante Haltung dazu, wie das ganze System »Schule« funktioniert und im Gegensatz dazu funktionieren sollte, hat unser Gast aus Israel. Meine Mutter hat ihn gerade bei sich zu Hause während ihres Chor-Austausches. Er findet, dass unser Schulsystem durch die neuen Medien des 21. Jahrhunderts überholt wurde: Ein Lehrer ist einfach nicht mehr eine besonders große und gute Wissensquelle, wenn man ihn mit dem Internet vergleicht. Wie recht er hat! Seine Idee ist, dass in Schulen nur noch der Wissenserwerb gelehrt wird. Es sollen regelmäßig Haus- oder Gruppenarbeiten eingereicht werden. Die Lehrer sind dazu da, den Schülern bei besonderen Schwierigkeiten zu helfen. So hätte eine Schülergruppe auch einmal wirklich die Zeit und Mittel dazu, sich zu überlegen, wie sie die Welt zumindest ein kleines bisschen verbessern kann.

Während Lars also kurz vor seinem Abflug nach Indien zum FSJ steht, spreche ich mit meiner ältesten Freundin aus dem Kinderladen (der Kinderladen ist eigentlich ein Kindergarten; als Kind habe ich mit dem »Kinderladen« immer eine Kasse im Supermarkt assoziiert, wo ganz viele Kinder auf einem Laufband sitzen und von wo ihre Mütter sie genau wie die Lebensmittel in den Einkaufswagen setzen). Meine »Kinderladenfreundin« erzählt mir also, wie kompliziert die erste Woche an der Uni ist und wie verloren sie sich fühlt. Sitzt sie überhaupt im richtigen Seminar, der richtigen Vorlesung, was ist das Tutorium, wo ist die nächste Veranstaltung? Ob sie das nicht doch alles sein lassen soll, wenn sie nicht einmal das Organisatorische hinbekommt? Fast hätte sie den Medizinertest nicht geschafft, ist sie deswegen das Studium nicht wert?

Der Medizinertest. Ein Thema, das zwei Monate vor den Abi-Prüfungen ständig ausdiskutiert wurde: Was genau muss man da machen, ist der in Österreich anders als in Deutschland, wann findet der Test statt, kann man dafür lernen, wenn ja, was soll man da lernen, wie oft darf man durchfallen, bis das mit dem Medizinstudium vom Plan gestrichen wird?

»Ganz ehrlich? Scheiß doch auf den blöden Medizinertest!«, sage ich zu meiner Kinderladen-Freundin. Es geht weiter: Dass sie ihre Meerschweinchen vermisst, die sie zu Hause bei ihren Eltern lassen musste, dass alles so anders ist, als sie es sich vorgestellt hat, dass sie sich ständig in der Stadt verläuft, dass das Essen nicht so lecker schmeckt wie zu Hause. Der einzige Trost, den ich, die ich nun gar keine Ahnung von Unis habe, geschweige denn schon haben möchte, ihr geben kann, ist, dass es bestimmt allen so geht. »Ja, aber alle anderen kennen sich hier schon!«, sagt sie. Dass das so unwahrscheinlich ist, wie eine blau gefärbte Erdbeere zu finden, sage ich ihr – darüber muss sie lachen. Zwei Tage später skypen wir, und sie hält eine Erdbeere vor die Linse, die sie vorher ganz eindeutig mit blauer Tinte angemalt hat. Im Hintergrund schreit jemand lachend ihren Namen. Früher im Kinderladen haben wir immer am Kleber geschnüffelt, das haben wir überlebt. Wie gesund es ist, Tinte zu essen, darüber lässt sich bestimmt streiten. Aber meine Kinderladenfreundin studiert ja Medizin, sie wird sich schon zur Not selbst versorgen können.

Beziehungen und deren Ende

Arbeit zu finden dürfte für die meisten leichter gewesen sein als eine Wohnung. Und leichter als für mich. Fast alle meiner Freunde arbeiten in Restaurants, im Telefonservice oder als Aushilfen im Büro. Im Gegensatz zu unqualifizierten Vollzeitkräften werden unglaublich viele Minijobber gesucht. Natürlich muss man das Probearbeiten überstehen. Gemerkt habe ich mir eins: Bevor du den von beiden Seiten unterschriebenen Vertrag nicht in der Hand hältst, ist dir der Job nicht sicher, vor allem nicht in der Gastronomie. Eigentlich gilt das, denke ich, für so gut wie alles. Und ich bin immer noch minderjährig, deshalb bekomme ich jetzt zwar endlich Rückmeldungen, auch von anderen Firmen, bei denen ich mich vor gefühlt drei Jahren beworben hatte. Doch die sind ausnahmslos negativ. Vielleicht haben sie mein Alter nur als Ausrede genutzt. Vielleicht ist G8 aber auch einfach nur echt ätzend.

Um das eigentlich echt unnötige und unsinnige Spiel »Wer-hat-es-leichter?« weiterzuführen – in Sachen Beziehung gewinne ich definitiv. Denn ich habe momentan keine, während etliche Traumpaare aus der Schule sich trennen. Die Meinung, dass eine Fernbeziehung nicht funktioniert wird, scheinen sich die meisten zu teilen. Vielleicht nutzen sie das nur als Ausrede, um sich zu trennen und keine blöden Fragen gestellt zu bekommen vom Rest der Welt. Jedenfalls besteht fast mein ganzer Freundeskreis aus frisch gebackenen Singles. Was ihnen beim Trennungsschmerz zugutekommt ist, dass sie alle so viel zu tun haben, dass sie Ablenkung haben: Entweder eine Gastfamilie eine Million Kilometer vom Ex entfernt oder ein Umzug. Vielleicht ein Sprachkurs. Am blödesten ist es für die, die sich trennen, weil einer von beiden fertig mit der Schule ist und der andere noch ein Jahr hat. Derjenige, der noch ein Jahr Schule absitzen muss, nun ja, der braucht gute Ideen zur Ablenkung oder die besten Freunde, die man sich vorstellen kann, zum Ausheulen. Einzelfälle sind die, die sich nicht trennen. Entweder, weil sie gemeinsam irgendwo hingehen. Oder weil sie an Fernbeziehungen glauben. Lars ist einer davon. Er und seine Freundin führen seit zwei Wochen eine Fernbeziehung. Und wenn sie sich nicht trennen, dann führen sie die noch in drei Jahren, denn seine Freundin möchte im Ausland studieren und er eher nicht. Meine gedrückten Daumen haben die beiden. Bis jetzt scheint es ganz gut zu funktionieren. Lars und seine Freundin sehen sich überhaupt nicht, anders als Alice und ihr Freund. Alice und ihr Freund führen jetzt seit mehr als einem Jahr eine Fernbeziehung. Die beiden sehen sich in seinen Semesterferien und ab und zu am Wochenende, wenn sie ihn in Kiel besucht. Auch bei ihnen scheint es gut zu funktionieren, aber Alice erzählt ab und an, dass es manchmal schon anstrengend ist. Sie und ihr Freund haben irgendwann anscheinend »Fernbeziehungsregeln« aufgestellt. Was für Regeln das genau sind, weiß ich nicht, sie spricht nicht gerne darüber.

Da hat wohl ein Schulfach gefehlt

Den Vertrag bei der Zeitarbeitsfirma unterschreibe ich doch nicht – jetzt weiß auch dieser Arbeitgeber, dass er einen Angestellten nicht hat, bevor nicht der Vertrag unterschrieben ist –, denn in der Bahnhofsbäckerei, in der ich zweimal zum Probearbeiten kommen konnte, bekomme ich direkt einen Vertrag vor die Nase gehalten. Und unterschreibe, denn ich will einfach nur Geld verdienen, für eine Reise irgendwohin, wenn ich endlich achtzehn bin. Also sitze ich auf einem Barhocker in der Bäckerei in diesem winzigen Büro und versuche (natürlich vor dem Unterschreiben, zumindest so weit habe ich mitgedacht) zu entscheiden, ob der

Arbeitsvertrag gut ist und meinen Rechten als Arbeitnehmer gerecht wird. Ganz ehrlich? Ich habe keine Ahnung. Ein bisschen verzweifle ich, ich will nicht dumm dastehen vor meinem neuen Chef, der mich fragend anschaut. Zu meinem Glück ist er ziemlich nett und erklärt mir die Dinge, die ich nicht verstehe. Ein bisschen misstrauisch bin ich trotzdem, denn er könnte ja auch wichtige Punkte einfach weglassen in seinen Erklärungen. Doch meine Entscheidung fällt auf: »Guter Vertrag«, und somit bin ich ab heute professionelle Brötchenbelegerin! Zum Mindestlohn bezahlt und mit schrecklichen Arbeitszeiten. Aber es ist mein erster Vollzeitjob.

Was wäre gewesen, wenn ich nicht gewusst hätte, dass man minderjährig in manchen Branchen nicht nach 22 Uhr arbeiten darf? Was wäre gewesen, wenn ich nicht geahnt hätte, dass es wichtig ist zu schauen, wie kurzfristig man kündigen, oder gekündigt werden kann? Was wäre gewesen, wenn ich vergessen hätte zu schauen, wie viel Urlaub ich haben werde? Da hat die Schule verdammt noch mal ausgesetzt. Da werden wir schon so früh aus der Schule entlassen, um früher Steuern zahlen zu können, und bekommen nicht mal gesagt, wie ein guter Arbeitsvertrag auszusehen hat. An diesem Abend bin ich echt wütend auf das Schulsystem. Denn das Wenige, das hängen geblieben ist in meinem Kopf, das kam definitiv nicht von supergutem Unterricht.

Mit dem neuen Job kommt auch der Weg zur Arbeit, ich kaufe eine Monatskarte. Dabei fällt mir wieder einmal auf, was ich schon vorher bemerkt habe, wenn meine Freunde und ich ins Kino gegangen sind: Die wenigsten von uns sind gerade *irgendetwas*. *Irgendetwas* im Sinne von »Ermäßigung für Schüler, Studenten, Azubis«. Wir haben keinen Status, der uns eine Ermäßigung ermöglicht. Und da die Sommerferien vorbei sind, wird es auch immer schwerer, den zum Glück immer noch nicht aus Triumph zerstörten Schülerausweis als Ausrede zu benutzen. Einmal ist meine Freundin Alice ins Museum gegangen und hat versucht vorzugaukeln, der Schülerausweis sei für dieses Jahr nur noch nicht abgestempelt. Dann wurde sie, nachdem sie sich ausreichend peinlich verhaspelt hatte, darauf hingewiesen, dass an diesem Tag sowieso der Eintritt frei war. Und sowas hat den höchsten Schulabschluss gemacht, den es hier gibt. Ich habe es auch nicht gesehen, stand aber hinter Alice in der Schlange. Sagt das etwas über uns aus oder über die Qualität des Schulabschlusses? Vermutlich ist es der Abschluss, denn wir haben beide einen ganz guten geschafft. Außerdem haben es ja auch die Erzeuger der riesigen Rauchwolke mit Grasgeruch, die während unserer Abi-Partys über dem Park hing, geschafft. Die Drogen-Präventionstage, die es in der achten Klasse gegeben hat, waren ein kompletter Misserfolg, zumindest haben sie in meinem Freundeskreis nicht wirklich viel bewirkt. Ob das die Veranstalter wohl wissen? Solange die Konsumenten ihr Leben trotzdem noch im Griff haben, ist es ja eigentlich egal. Rauchen ist jetzt aber zu teuer, denn verdammt, die öffentlichen Verkehrsmittel sind nicht gerade billig, wenn du weder Schüler noch Azubi noch Student oder Senior bist: Achtzig Euro kostet eine Monatskarte, sehen Alice und ich auf dem Rückweg vom Museum. Das tut weh, wenn du nur Mindestlohn verdienst und eigentlich sparen willst.

WG-Leben

Otto ist mittlerweile auch richtig in Berlin angekommen und hat einen Job gefunden – *und* ein Praktikum. Das Praktikum fängt morgen an. Zum Job: Er arbeitet seit zwei Tagen in einer Bar. Seinen Lohn bekommt er bar ausgezahlt, so wie auch die meisten meiner Freunde. Und die wenigsten verdienen dabei wenig genug, dass es noch im rechtlichen Rahmen wäre. Bei unserem ersten gemeinsamen WG-Abendessen erzählt Otto mir, wie dieser rechtliche Rahmen aussieht, und wie Geschäfsführer den Rahmen elegant erweitern. Er erzählt auch, wie er sich als Barkeeper schlägt, und ich bin ein bisschen eifersüchtig. Zu gerne würde ich auch in einer Bar arbeiten, aber als Minderjährige geht das eben nicht. Mein Alter nervt mich immer mehr.

Neben der nur halbwegs tollen Arbeit heißt es: Führerschein machen. Dann ist das auch erledigt, wenn Otto und ich irgendwann wieder nach Hause ziehen (wir haben nämlich den Plan, vor dem Studium noch mal ein bisschen von den Eltern verwöhnt zu werden. Bis dahin müssen wir es nur hinbekommen, dass sie aufhören, sich mit uns zu streiten ...). Die Fahrschule ist jedenfalls direkt gegenüber unserer Haustür – das macht es mir möglich, im Schlafanzug die Theoriestunden zu besuchen. Der Theorielehrer, der gleichzeitig auch mein Fahrlehrer ist, ist ein sehr deutscher, ca. 50-jähriger Türke, der meinem Onkel so sehr ähnelt, dass ich ihn immer mit dem falschen Namen anspreche. Der Arme bekommt jedes Mal fast einen Herzinfarkt, wenn ich zu schnell auf eine Kreuzung mit Rechts-vor-Links Regelung fahre. Und wenn er mich dann anmeckert, denke ich jedes Mal daran, wie einfach Autofahren bei meinen Eltern stets wirkte. Und dann denke ich daran, dass ich sie doch irgendwie auch vermisse und daran, dass das ja irgendwie schon eine echte Schattenseite ist, wenn es ums Alleinwohnen geht. Aber dann denke ich wieder daran, dass ich bald selbst Auto fahren kann und daran, dass Mama mich bestimmt auch vermisst und es schon alles seine Richtigkeit hat, so wie es ist. Sich gegenseitig zu vermissen ist doch mal ganz gut in so einer Eltern-Kind-Beziehung, oder?

📞 WhatsApp-Gruppe
»Freiburg-Berlin-Indien«

Alice: *Hey wie geht's euch zwei?*

Ich: *Guuut und selbst?*

Lars: *Hello! Das ist schön ☺ Indien ist der Hammer, nicht zuletzt wegen dem geilen Essen ...*

Ich: *Das glaub ich dir!*

Alice: *Fotos!!!*

Lars: *Schick ich später. Ihr fehlt mir, aber nicht nur ihr, alle fehlen mir ...*

Ich: *Mir auch – Arbeiten ist so langweilig.*

Ich: *@Lars hat sich da schon was Neues entwickelt mit der Bundeswehr?*

Lars: *Ich bin immer noch zu mager ... trainiere aber fleißig!*

Alice: *Das kann auch nur dir passieren :D*

Lars: *Muss jetzt los – es war schön, mal wieder von euch zu hören! Wir müssen mal skypen!!!*

6. Was man nach dem Abi halt so macht

Mit der Zeit kehrt der Alltag ein. Wie Alice deutet auch Lars an, dass es in seiner Fernbeziehung irgendwelche neuen Regeln gibt. Aber Lars will mir nicht wirklich erzählen, was das für geheimnisvolle Regeln sind, obwohl er normalerweise immer gerne über alles redet. Bin ich etwa zu blöd dafür? Wissen etwa alle anderen, wovon er und Alice sprechen? Meine Kinderladenfreundin quatscht auch immer gerne, aber worüber sie kaum ein Wort verliert, ist, wie schnell sie noch vor ein paar Monaten ihr Studium abbrechen wollte. Sie studiert immer noch und liebt es, außerdem ist sie wohl echt gut.

Jeder macht sein Ding

Genau wie sie und ich so langsam immer besser zurechtkommen, kommen auch die meisten unserer alten Mitschüler immer besser klar in ihrem FSJ oder ihrer Ausbildung oder ihrem Nichtstun: Von Lars zum Beispiel höre ich, wie er Freunde findet, andere Deutsche und Einheimische, wie er das Fitnessstudio liebt, in das er dort immer geht, um für die Bundeswehr zu trainieren, und wie er sich immer mehr mit seinen Hausmeister-Aufgaben dort anfreundet (so viel zu dem Thema, wie weltbewegend die Aufgaben sind, die ein FSJler so bekommt). Wie er Indisch lernen kann, zumindest ein wenig, und wie er sich nicht mehr nur als Außerirdischer vorkommt, der keine Ahnung von Bräuchen, Essen und Kultur hat. Er erzählt, dass es einfach ein wenig Zeit braucht, und, dass er zu Beginn seines FSJs einfach nur nach Hause wollte, weil er sich wie ein gaffender Tourist vorkam, der nur so tue, als würde er helfen. Es gibt sicherlich Organisationen, in denen man wirklich helfen kann, sagt er. Seine Aufgaben beschränken sich allerdings hauptsächlich aufs Kochen und auf Reparaturarbeiten, und er fragt sich, wie viel Sinn es macht, dafür einen Ausländer einzusetzen. Lars erzählt mir, dass er ganz schnell gemerkt hat, dass einige Einheimische ihn nur als eine Art Heuchler sehen, der überall erzählt, er würde tolle Hilfe leisten, während er ihnen in Wirklichkeit einen Arbeitsplatz stiehlt. Er gibt ihnen recht, sieht es selbst ganz genauso. Immerhin verbreitet er das auch in Deutschland, und betrachtet sein FSJ nicht mehr wie vor seinem Abflug nach Indien als Hilfeleistung, sondern als ein Jahr, in dem er die indische Kultur kennen- und schätzen lernen kann. Anders, sagt er, wäre es ihm nicht möglich, dort zu bleiben. Ähnliche Geschichten höre ich auch von anderen.

Diejenigen, die eine Ausbildung angefangen haben, sind größtenteils ganz glücklich damit. Allmählich werden sie sich ihrer großen Fortschritte bewusst. Natürlich gibt es auch die, die nicht wussten, was sie machen sollten und einfach mal irgendeine Ausbildung angefangen haben, nur um der Beschäftigung willen. Diese Gruppe (in die ich ja leider nicht reinkam) lässt gerne Sätze fallen wie: »Macht es mehr Sinn, die Ausbildung noch fertig zu machen, einfach um einen Abschluss mehr zu haben, oder, das Ganze hier nach einem Jahr abzubrechen?«

Und die, die jobben, ein Praktikum oder einfach mal gar nichts machen, haben sich mittlerweile fast alle mit ihren Eltern arrangiert. So wie Otto und ich. Unsere Eltern sind einfach froh, dass wir nicht mehr bei ihnen rumsitzen und nichts tun, sondern wissen, was wir die nächsten sechs Monate über tun werden. Das reicht ihnen auch erst einmal, haben sie gesagt.

Immer wieder frage ich mich, wo diese ganzen Menschen bitte alle wohnen. Nicht in welchen Städten. Sondern wo genau in den Städten! Mit ein bisschen Glück haben sie es wie meine Cousinen geschafft, eine WG selbst zu gründen – aber das ist doch eher selten. Darauf kommen die wenigsten, vor allem wenn es nur für ein Jahr sein soll. Bei der Familie wohnen ein paar andere, bei irgendwelchen Onkeln und Tanten, aber da haben sie nicht den eigentlich erhofften Freiraum. Eine WG zu finden ist sowieso verdammt schwer und den Erzählungen nach fast unmöglich, Wohnheime sind eh nur für Studenten, aber selbst da sind die Wartelisten immer verdammt lang. Jemand hat mir vor Kurzem erzählt, dass jemand in einem kleinen Altenheim ein Zimmer gemietet hat, weil er sonst nichts gefunden hat. Und es gibt diese Leute, die sich monatelang in Hostels einmieten. Mir ist jetzt schon mulmig, wenn ich an die Wohnungssuche im Sommer denke.

Work, work, work, work

In unserem neuen Alltag fühlen Otto und ich uns ganz wohl. Wir sind beide nur wenig zu Hause, also in der viel zu kleinen WG. Otto macht seinen Kram, ich bin ständig arbeiten. Die Schichten beginnen entweder morgens um halb vier oder mittags um eins und gehen jeweils neun Stunden lang. Mit den Pausen ist das da so eine Sache, in der ganzen Bäckerei gibt es keinen einzigen Stuhl, auf den meine Kollegen und ich uns setzen könnten. Na ja, auch egal, Zeit, uns mal eben auf einen Stuhl zu setzen haben wir dort sowieso nicht. Manchmal stehe ich an der Kasse, das ist ganz okay. Was aber nicht so okay ist: Kunden können wirklich viel ätzender sein, als man immer denkt. Und als Kassierer redest du dir den Mund fusselig, wenn du auch nur ein bisschen Wert auf

Freundlichkeit legst. Stehe ich nicht an der Kasse, belege ich Brötchen und Paninis, wickele Wraps und wasche kiloweise Salat. Es ist gut zu wissen, dass ich diese Arbeit vermutlich nicht den Rest meines Lebens verrichten werde.

Abgesehen von meinem entstandenen Ekel vor Bäckereiprodukten (der entsteht automatisch, so wie die meisten Eisverkäufer kein Eis mögen) ist das Nervigste für mich, dass sich meine Schichten andauernd ändern, sodass ich keine regelmäßige Freizeitbeschäftigung haben kann. An wöchentlichen Treffen irgendwelcher Gruppen kann ich nicht teilnehmen. Das schränkt das Privatleben schon extrem ein: Man lernt keine Leute kennen.

Bereits nach einem einzigen Monat weiß ich, dass ich nie wieder freiwillig in eine Ein-Zimmer-WG ziehen werde. Viel zu wenig Privatsphäre für meinen Geschmack – obwohl sowohl Otto als auch ich so wenig zu Hause sind. Mit Tüchern haben wir den Raum eingeteilt, aber Ottos Schnarchen weckt mich trotzdem jede Nacht. Dann fliegt ein Kissen über den Tücher-Vorhang, und idealerweise ist er danach still.

Nicht mehr »zu Hause« zu wohnen ist irgendwie gewöhnungsbedürftig. Aus welchem Grund auch immer fällt es uns nun doch schwer, Mama und Papa nicht zu sehr zu vermissen. Natürlich ist es wunderbar, sie nicht mehr ständig im Nacken sitzen zu haben. Obwohl sie es auch trotz der Entfernung versuchen. Ein Beispiel: Am Samstagnachmittag ruft meine Stiefmutter oft an, um zu fragen, ob für den Sonntag auch genug im Kühlschrank ist. Oder, ob ich auch mal wieder was »Richtiges« gekocht habe. Ob ich auch die Heizung anstelle. Ich meine, ernsthaft? Ob Otto und ich die Heizung anstellen, wenn uns kalt ist? Das geht richtig auf die Nerven, wenn sie sowas macht. Aber viel blöder ist es, wenn sie nicht anruft. Das heißt zwar, dass sie uns eigentlich zutraut, in der bösen großen Stadt zu überleben (*herzlichen Dank*), aber ein bisschen umsorgt zu werden ist trotzdem schön. Denn wenn einer von uns krank ist, können wir nicht unsere Mama fragen, ob sie uns mit viel Liebe eine heilende Wärmflasche macht – die müssen wir jetzt selbst machen. In solchen Momenten vermissen wir beide unsere Eltern zu Hause. Das wiederum wirklich Schöne daran, weit weg von ihnen zu leben, ist, dass wir viele Päckchen bekommen. Mit Essen, das wir sonst nicht kaufen, weil es zu teuer ist, und anderem tollen Kram. Ottos Mutter hat die Angewohnheit entwickelt, alle drei Wochen so ein Päckchen an jeden ihrer drei Söhne zu verschicken *(üüüü-berfürsorglich! – aber heimlich freuen sie sich trotzdem)*. Otto teilt den Inhalt immer mit mir. Das ist jedes Mal fast wie Weihnachten.

Kommunikation, Kommunikation

Allerdings kommen mehr als die Hälfte der Pakete, die hier nach Berlin geschickt werden, sowieso nicht an. Wie zum Beispiel unser Router fürs Internet. Mein Date mit dem netten Techniker ist schon ein paar Wochen her, und seitdem habe ich mindestens viermal bei der Telekom angerufen, damit die unseren Router erneut auf die Reise schicken – jedes Mal hieß es von der DHL nämlich, man habe vergeblich versucht, uns das Paket zuzustellen und es deshalb an den Absender zurückgesandt. Fürs Protokoll: Niemand außer der DHL hat hier viermal irgendwas zurückgesendet. Wir haben auch keine Abholscheine bekommen. Und ja, wir haben ein Klingelschild. In der Schule lernen wir zu kommunizieren – über unsere Lehrer, mit der Schulleitung, bei den Hausaufgaben und überhaupt allem, was es so zu organisieren gibt. Wir lernen:»Kommunikation ist immer das Wichtigste, damit lässt sich alles lösen.« Das stimmt nicht so ganz, wie mir die Telekom in Kooperation mit der DHL und deren Angestellten gerade vor Augen führt. Anscheinend funktioniert das in der echten Welt nicht wirklich.

Zurück zur Zweier-WG

Otto ist genauso faul wie ich. Also stellen wir einen Putzplan und einen Einkaufsplan auf. Mit Putzen wird sich abgewechselt, fürs gemeinsame Einkaufen haben wir feste Termine. In jeder WG gibt es dafür ja irgendwelche Regeln. Meine Cousinen mit der selbst gegründeten WG haben ihren Kühlschrank aufgeteilt, und wenn eine etwas wirklich nicht hergeben will, klebt sie ein Postit auf die Verpackung, auf der etwas steht wie »Stop!«, »Nicht Deins!«, »WEHE!!!«, »Finger weg!« oder »Ich will nicht mit dir geteilt werden!«. Es ist jedes Mal lustig, in ihrer Küche zu stehen – selbst Säfte oder einzelne Zitronen werden markiert.

Was bei Otto und mir immer Fragen aufwirft, ist, wieso der Salat bei unseren Eltern im Kühlschrank immer so lange haltbar bleibt und bei uns nach einem Tag schon fast schimmelt. Und da wir auf diese Fragen noch keine Antworten gefunden haben, schmeißen wir regelmäßig etwa zwei Euro, das heißt jeder von uns einen Euro, in die schwarze Tonne, weil es in unserem Hof keinen Kompost gibt.

Ab und an tauchen kleinere Probleme in unserem Alltag auf. Dann erzählen Otto und ich das unseren Eltern. Es geht nicht um schlimme Sachen, eher so um Dinge wie Onlinebanking oder so. Wenn da etwas nicht funktioniert, weil die Bank noch alte Angaben von uns hat, dann sind wir früher zu Mama gerannt. Und jetzt tun wir das auch – nur eben telefonisch. Otto und seine Mutter hatten einmal ein lustiges Gespräch, ich durfte zuhören. Und das verlief ungefähr so:

Otto: »Mama, ich wollte gestern sechzig Euro überweisen, aber es hat nicht geklappt.«

Ottos Mutter: »Mensch, das ist ja blöd. Woran kann das denn liegen?«

Otto: »Keine Ahnung.«

Ottos Mutter:»Hm, das tut mir leid für dich.« *Sie wechselt das Thema.*
Manchmal merken unsere Mütter gar nicht, wenn wir ihre Hilfe brauchen. Oder sie merken es, haben aber keinen Bock zu helfen. Wer weiß. Oder aber sie merken es, wollen aber, dass wir ganz direkt um Hilfe bitten. Und im nächsten Moment bemuttern sie uns wieder, behandeln uns, wie es vor fünf Jahren angemessen gewesen wäre.

Weiter zu Hause wohnen?

Und genau deswegen bewundere ich alle, die auch nach dem Abi weiterhin zu Hause wohnen, sich ständig mit ihren Eltern streiten aber es irgendwie trotzdem schön zu Hause finden. Alice zum Beispiel wohnt tatsächlich immer noch zu Hause, und sie macht weder ein Praktikum noch ein freiwilliges soziales, ökologisches (FÖJ), kulturelles (FKJ) oder sonst ein F-irgendwas-Jahr. Sie arbeitet zweimal die Woche in der Firma ihrer Mutter. Ansonsten gönnt sie sich den Spaß, ihre Schwester zu nerven und an ihren Kreativprojekten, für die sie jetzt endlich die benötigte Zeit hat, zu arbeiten. Ihre Tage sind voll, verplant, nicht so wie meine Tage des Nichtstuns, als ich noch zu Hause war. Noch vor Ende der Schulzeit hatte sie sich vorgenommen zu vermeiden, in ein Loch zu fallen, deshalb steht die größte Langschläferin auf Erden jeden Morgen um punkt halb acht auf, duscht, und macht sich an das aktuelle Projekt.

Gerade frühstücke ich, da klingelt mein Telefon und Alice ruft an. Kaum habe ich abgenommen, erzählt sie mir, dass sie sich heute mal so richtig Zeit dafür nimmt, leckere Sachen aus den hintersten Ecken des Kühlschranks hervorzukramen. Was ihre Familie da alles versteckt hat, ihre Beschreibungen beeindrucken mich. Durch die Leitung kann ich hören, wie sehr sie sich jetzt schon darauf freut, ihre kleine Schwester damit zu ärgern, dass sie deren frisches, vorgekühltes Nutellaglas geöffnet hat, während diese in der Schule sitzt. Das ist doch mal Geschwisterliebe.

Alice erzählt mir, dass sie ihre Abi-Loch-Theorie verfeinert hat, das mittlerweile nur noch halb volle Nutellaglas – hatte ich vergessen, zu erwähnen, dass Alice Nutella nur pur zu sich nimmt? – hat ihr dabei geholfen. Alices Theorie macht Sinn:

Es ist schlichtweg Unzufriedenheit, die Abiturienten reihenweise in Löcher fallen lässt – Abiturient X ist gerade fertig mit der Schule, er kann tun und lassen, was er will. Sein Problem: Er weiß nicht, was er tun (oder lassen) soll, weder im Jetzt noch in der Zukunft. Zusätzlich ist Abiturient X genervt von diversen Verwandten, Freunden der Eltern und irgendwelchen Großtanten, die gerne wüssten, wie Abiturient X' Pläne für das nächste halbe Jahr aussehen. Abiturient X ist schlecht gelaunt, das merkt er, und es zieht ihn runter, seine Freunde verschwinden langsam, aber sicher alle in andere Städte, Länder oder auf weit entfernte Kontinente. Google definiert das Wort »Unzufriedenheit« als den »Zustand, nicht zufrieden zu sein«. *Wow, Google. Danke!* An sich ist das aber gar keine schlechte Definition. Denn das Loch entsteht durch Unzufriedenheit, durch den Zustand, nicht zufrieden – oder: nicht glücklich – zu sein mit dem, was man tut zu einer Zeit, zu der man tatsächlich alles tun kann. Eine kleine Depression eben.

Alice klingt jetzt, nach ihrem frühmorgendlichen Redefluss, als säße sie gerade mit dem letzten übrigen schokoladig-glücklich machenden Löffel Nutella in der Hand am Küchentisch.

Es weihnachtet (nicht) sehr

So langsam geht es auf Weihnachten zu. Zwei Freundinnen aus der Schule haben mich besucht, es hat geschneit in Berlin, für eine Nacht – am nächsten Morgen ist der Schnee geschmolzen. Die Freundinnen sind wieder abgereist, meine Mutter besucht mich. Es ist seltsam, von ihr im neuen Zuhause besucht zu werden, aber toll: Es ist wie Urlaub zu Hause, obwohl ich gleichzeitig von ihr umsorgt werde. Sie kocht meine Lieblingsgerichte, wir unternehmen Dinge, schauen uns Sehenswürdigkeiten an, die wir eigentlich schon längst kennen, haben Spaß. Das ist so Tradition in unserer Familie, und bestimmt in vielen anderen Familien auch. Dass, wenn die Eltern zu Besuch kommen oder jemand die Eltern besucht, das Kind von oben bis unten umsorgt wird. So ist zum Beispiel das Erste, was meine Mutter und ich machen, als sie ankommt, zu shoppen. Bei Rewe, Lebensmittel. Aber gute, besondere, Leckereien eben, Dinge, die ich mir nicht leisten kann, weil ich ja eben spare für meine Reise. Und dieser Einkauf reicht nicht nur für die Woche, die meine Mutter mich besucht, sondern gleich auch noch ein bisschen länger. *Danke, Mama!* So ähnlich verläuft auch mein Besuch über Weihnachten bei ihr: Ankommen, einkaufen und dann das volle Verwöhnprogramm. Tatsächlich haben sie und ich aber auch ein ziemlich gutes Verhältnis zueinander, wir verstehen uns gut. Wir reden darüber, wie stolz sie ist, dass ich es jetzt schon »so lange« (eigentlich sind es nur zweieinhalb Monate) in einem eigentlich echt ätzenden Job aushalte. Während der Arbeit schwirrt in meinem Kopf immer mein Reiseziel umher, das macht alles erträglicher.

Es ist eine merkwürdige Sache, über Weihnachten nach Hause zu fahren, und nicht sowieso dort zu sein, auch über Silvester. Vier Tage habe ich frei, danach muss ich weiterarbeiten. Einen Weihnachtsbaum gibt es in Berlin nicht, also sind für mich alle

Feierlichkeiten nach vier Tagen abrupt beendet. Ein komisches Gefühl. Irgendwie geht einerseits etwas verloren, andererseits erlebe ich die Festtage mit der Familie intensiver: Die knapp bemessene Zeit mit der Familie macht sie auf eine ungewohnte Art besonders. Aber was ich dieses Jahr nicht habe, ist die Teilhabe an all den kleinen Vorbereitungen. Es ist eben alles fertig geschmückt, als ich ankomme, die Adventzeit ist einfach an mir vorübergegangen.

Ebenfalls seltsam ist für mich, dass ich um den dritten Advent herum meinem Vater, meinen Brüdern und meiner Stiefmutter ein Weihnachtspaket schicke. Noch nie habe ich meine Familie so lange nicht gesehen, dass ich keine fünf Minuten habe, ihnen wenn auch nur schnell noch rechtzeitig, also vor dem Fest, ein paar Geschenke überreichen zu können.

In das Päckchen kommen auch Geburtstagsgeschenke für meine Brüder, die achtzehn werden. Somit sind sie wieder älter als ich. Nicht wirklich älter als ich, am Altersunterschied ändert sich nichts, aber sie sind im Gegensatz zu mir volljährig. Ganz sicher wird mir vor meinem eigenen achtzehnten Geburtstag noch tausendmal unter die Nase gerieben, dass die beiden jetzt endlich volljährig sind und tun und lassen können, was sie wollen, während ich theoretisch um zwölf zu Hause sein muss. Aber was heißt eigentlich »nach zwölf«? Wenn ich die »Früh-Belegen«-Schicht habe, muss ich nachts um halb zwei aus dem Haus gehen, ist das auch »nach zwölf«, oder schon der nächste Morgen, weil ich zwischendurch ja geschlafen habe? Na ja.

Es ist Silvester, und ich habe die Spätschicht erwischt. Das heißt, dass ich bis abends um zehn arbeiten muss und dann völlig fertig nach Hause fahre, um mich herzurichten für eine Silvesterfeier bei meiner Tante. Es ist krass, wie viele Menschen an Silvester eine Bäckerei aufsuchen: Wir sind wie nur selten im Stress. Irgendwann fliegen die ersten Böller an unseren Ladeneingängen vorbei, und wir schließen etwas früher als normal.

Was nehme ich mir fürs nächste Jahr vor? Eigentlich halte ich nicht viel von Vorsätzen für das neue Jahr, denn egal wie oft man sich vornimmt, mehr Sport zu machen oder mehr zu lernen – man tut es doch nie (das weiß sogar ich, mit meinen knappen achtzehn Jahren Lebenserfahrung). Aber was ich mir trotzdem vornehme, ist, eine richtig coole Reise zu machen und dann einen guten Studienanfang hinzulegen.

Mal wieder Ärger mit den Ämtern

Nach Silvester muss ich meine Urlaubstage bewusst einsetzen, um von allen und allem am meisten zu haben, daher kommt der »Papa-Urlaub« in den Februar.

Aber zuerst habe ich noch Geburtstag. In diesem Rahmen besucht mich *mal wieder* meine Mutter. Ungefähr zur gleichen Zeit reden bei der Arbeit meine Kollegen über irgendeine Jahreslohnabrechnung. Und darüber, dass wir die noch nicht bekommen haben. (*Wozu*, frage ich mich. Wir haben doch die Monatsabrechnungen.) Das Wort Steuererklärung fällt. Aha, endlich. *Darauf habe ich sehnsüchtig gewartet, juhuuu!* Das Wort, das das umschreibt, worüber sich immer alle in der Schule aufregen, dass wir davon keine Ahnung haben. Und es nicht beigebracht bekommen. So nach dem Lehrer-Motto: »Das macht uns keinen Spaß, das bringen wir euch nicht auch noch bei, sonst beschäftigen wir uns zu viel im Leben mit Steuererklärungen«. Das Einzige, was die meisten Abiturienten über Steuererklärungen wissen, ist, dass keiner sie gerne macht *und* dass es ein riesiger Aufwand ist. Ach so, ja, und dass es Steuerberater gibt, weil niemand weiß, wie das richtig funktioniert mit den Steuern.

Meine Mutter – sie macht mich *an meinem Geburtstag* fast wahnsinnig bei einem Gespräch darüber, was bei der anstehenden Steuererklärung wie gemacht und eingetragen werden muss. Ich verstehe nur Bahnhof. Fange fast an zu heulen, immerhin sind Steuern ja nicht ganz unwichtig. Das Motto meines Vaters bringt mich wieder auf den Boden, es lautet ungefähr so: »Wenn du etwas nicht rechtzeitig einreichst, melden die sich schon bei dir – gilt nicht nur für die Steuererklärung.« Und außerdem: Das schlimmste, was meines Wissens passieren kann, ist doch, dass es vom Finanzamt kein Geld zurückgibt, oder? Vermutlich stimmt das nicht, aber was ich nicht weiß, macht mich nicht heiß, bis sich ein Finanzamt bei mir meldet. Für Unwissenheit kann man ja nicht bestraft werden, oder? Zumindest nicht, wenn es um die erste Steuererklärung geht. Beim Unterschreiben eines Vertrags geht es bei mir gerade darum einzutragen, welches »mein Finanzamt« ist. Nur: *Woher, zur Hölle, soll ich das bitte wissen?* Bis gerade eben wusste ich nicht mal, dass jeder einem Finanzamt zugeteilt ist. Also frage ich Google, hier die Suchanfrage: »Welches ist mein Finanzamt?« Google spuckt fünf Websites aus, die »Welches-ist-mein-Finanzamt.de« oder »Welchem-Finanzamt-bin-ich-zugeteilt.de« oder so ähnlich heißen. Man gibt seine aktuelle Adresse ein, und demnach ist man anscheinend zugeteilt nach Bezirken. Das ist unfair. Damit sind alle Bewohner Neuköllns einem Finanzamt zugeteilt, und irgendwo anders langweilen sich die Finanzbeamten zu Tode. Wie in den Bürgerämtern. Glücklicherweise hat die Stadt Berlin es seit einigen Jahren drauf, zumindest in einigen Aufgabenfeldern die Ämter zu vernetzen. Für den Antrag auf Ersterteilung meiner Fahrerlaubnis muss ich trotzdem eine Stunde Bus und Bahn fahren, die Bearbeitung dauert drei Monate. Weiter denke ich an meinem Geburtstag nicht darüber nach, beschließe ich.

Mal wieder der Wunsch nach Planlosigkeit

Der »Papa-Urlaub« ein paar Wochen später fällt auf ein verlängertes Wochenende und ist sehr schön. Wieder einmal wird mir bewusst, wie sehr ich das Familienleben vermisse. Gut, dass ich zwischenzeitlich auch achtzehn geworden bin, das wäre sonst nicht auszuhalten gewesen mit meinen herzallerliebsten Geschwistern. Trotzdem gehen die beiden – und alle anderen eigentlich auch – mir schon nach zwei Tagen wieder dermaßen auf die Nerven, dass ich mich zurück nach Berlin wünsche. Aber schließlich gehört ja auch das zu Familie. Nicht erst bei diesem »Papa-Urlaub« denke ich mal wieder darüber nach, was denn nächstes Jahr wird. »Nächstes Jahr« ist in diesem Fall das Jahr, das wie ein Schuljahr im September beginnt und bis Ende Juli geht. Mein Berufswunsch hat sich schließlich schon geändert beziehungsweise in Luft aufgelöst, also stehe ich praktisch wieder auf null. *Ziehen Sie keine 200 € ein und begeben sie sich auf das Feld »Ich-habe-keine-Ahnung-von-nichts«.* Sicherlich ändern sich Wünsche und Ideen selbst während des Studiums oder der Ausbildung noch ein paar tausendmal – wäre es nicht so, wäre es auch beängstigend. Aber das ist ja das Schöne, zumindest am Studium: Mit den meisten Studiengängen kannst du am Ende mehr als nur einen Beruf ausüben, wenn du dich weiter qualifizierst, indem du zum Beispiel eine Fortbildung machst, die wieder von Oma, Opa, Tante, Onkel, Nachbarn drei Häuser weiter, der besten Freundin und entfernten Bekannten, den Kollegen, und – natürlich – den Eltern hinterfragt und für nicht sinnvoll erklärt wird. Leider mache ich aber den Fehler, diese Überlegungen mit meinem Vater zu teilen. Das bekommen meine Brüder mit, und unser Streit geht wieder von vorne los. Die Schwester, die jetzt schon fast sieben Monate lang nichts macht, was der Weiterbildung dient, gegen die zwei Brüder, die bereits ein halbes Jahr vor ihrem Schulabschluss Zusagen für Ausbildungsplätze haben. Sie finden, ich sollte mehr mit meinem Abschluss und meiner Zeit tun, als Brötchen zu belegen. Das finde ich ja auch. Nur eben noch nicht jetzt. Die beiden wollen wirklich unbedingt raus aus der Schule und sofort eine Ausbildung machen, um so bald wie möglich einfach nur zu arbeiten. Da sind wir *sehr* unterschiedlich, aber da müssen wir wohl alle durch. Besonders unnötig erscheint mir der Streit, da ich ungeachtet aller Nötigungen nicht vorhabe, mich allzu bald für irgendetwas zu entscheiden: »Dieses Jahr«, das Jahr nach dem Abi, ist bewusst elitär gehalten, es ist ein Jahr in der Schwebe. Pläne zu schmieden würde diesem Schwebezustand ein absehbares Ende setzen und das Prinzip dieses Jahres untergraben. *Basta!* Das ist etwas, was meiner Ansicht nach wirklich noch nicht wünschenswert ist. Lustig, dass der größte Druck meine Zukunft betreffend von meinen Geschwistern kommt. Meine Eltern sind zufrieden mit mir, solange ich irgendetwas mache und nicht zu Hause rumhänge.

Alles in allem tun mir diese ganzen Besuche bei meinen Schulfreundinnen, meiner Mutter, und meinem Vater sehr gut. Mit Otto ist es zwar lustig, aber wir sehen uns eben wirklich nicht oft, weil unsere Arbeitszeiten so sehr verschieden sind. Eine Tante habe ich in Berlin – und das war es auch schon. Ansonsten habe ich Kontakt zu menschlichen Wesen, wenn ich an der Arbeitsplatte oder Theke beim Bäcker stehe. Nicht zu vergessen die gestressten Kollegen in der Bäckerei und auch mein Fahrlehrer, mit dem es nicht immer gut läuft. Und für irgendeine Freizeitbeschäftigung, bei der ich regelmäßig Menschen sehe, mit denen man sich anfreunden könnte, reicht die Zeit eben nun mal nicht aus.

Was ich daraus lerne, ist ganz einfach: Nimm, wenn du neu bist in einer Stadt, niemals, nie, *nie, NIE* eine Stelle an, bei der du in ständig wechselnden Schichten arbeiten musst. Das schlägt dermaßen aufs Sozialleben, dass man dafür fast schon eine Entschädigung vom Arbeitgeber bekommen müsste.

Lars: *Frohe Weihnachten!*

Ich: *Fröhliche Weihnachten! Feierst du, Lars?*

Lars: *Nicht so richtig, aber dazu ist auch nicht wirklich Zeit, wir Freiwilligen hier haben die ganze Zeit Freizeitstress, es ist so toll hier, am liebsten würde ich ewig hier bleiben :)*

Alice: *Wow, da hat sich ja was getan seit letztem Mal!*

Alice: *Frohe Weihnachten euch beiden! <3*

Alice: *Wo feierst du, Olga?*

Ich: *Bei Mama, bin aber nur vier Tage hier, dann muss ich wieder arbeiten.*

Alice: *Schade, dann sehen wir uns gar nicht ☹*

Ich: *Ja mega … aber geht nicht anders :/*

Lars: *Wo arbeitest du noch mal?*

Ich: *Bäckerei … wenn du mal 500 belegte Brötchen brauchst, bin ich die Richtige für den Job.*

Lars: *Ich merk's mir ;)*

Alice: *Würde dich ja mal besuchen kommen, aber ich hab auch irgendwie nie Zeit. Obwohl ich keinen Vollzeitjob habe, immer ist irgendwas.*

Ich: *Ist doch gut, dann wird's nicht langweilig.*

Lars: *Aber ich kenn eigentlich niemanden, dem wirklich noch langweilig ist, alle machen, was ihnen Spaß macht oder arbeiten auf was hin. Voll schön eigentlich.*

Alice: *Ja, das stimmt, alle haben etwas gefunden.*

7. An die Zukunft denken: ohne geht's eben doch nicht

Otto und ich haben es uns angewöhnt, immer sehr direkt Bescheid zu sagen, wenn wir etwas von unseren Müttern brauchen, weil wir es sonst nicht bekommen – anders als früher. Und wir haben die Gewohnheit entwickelt, es ihnen genauso ins Gesicht zu sagen, wenn wir etwas definitiv nicht haben wollen. Aus irgendeinem unbekannten Grund hören sie seit Neuestem sogar auf uns.

Und das ist ganz besonders wichtig für uns, weil wir nun anfangen, uns über unser nächstes, sicher auch sehr spannendes »nächstes Jahr« Gedanken zu machen. Es ist Februar, und die ersten Bewerbungsfristen für das Wintersemester dieses Jahres nähern sich ihrem Ende. Das sind zwar momentan nur noch die Fristen für die Kunst- und Musikstudiengänge, aber es ist eine Art Startschuss. Plötzlich hören wir auch wieder von Freunden, mit denen wir schon länger keinen Kontakt mehr hatten, und alle fragen ständig: »Und, was machst du so ab September?« Mann, geht mir diese Frage schon wieder auf die Nerven! Wenn das so weitergeht, lautet meine Antwort einfach des Spaßes halber: »Zu Hause wohnen und Pause machen.« Wie meine Eltern da wohl gucken würden!

Also fängt die Allgemeinheit langsam wieder an, Informationen zu sammeln. »Die Allgemeinheit« bedeutet wir, diejenigen, die das Thema direkt betrifft, und sie, die Eltern, die Tanten und

Onkel, die Großeltern. Alle mischen sie sich ein, alle kommen mit Vorschlägen über Vorschlägen und setzen einen direkt wieder unter Druck. Ich finde es aber nicht ganz so schlimm wie vor knapp einem Jahr, weil ich ja wenigstens nicht mehr zu Hause wohne und meine geliebte Familie und mich knapp 800 Kilometer trennen. »Wie wäre es mit Pädagogik?«, »Lehramt!«, »Kunst!!! Du kannst doch so gut malen!« – »Nein, besser Kunstgeschichte, das passt besser …«. »Oder guck doch mal, Olga, in München kann man Prävention, Inklusion und Rehabilitation (PIR) bei Hörschädigung studieren, wäre das nicht interessant?«.

Mein Handy ist jetzt auf »lautlos« geschaltet.

Erste Schritte mit der Uni versuchen

Während das überforderte Gerät vermutlich gleich explodieren wird, motiviere ich mich dazu, meine Bewerbungen für die Uni vorzubereiten – immerhin fahre ich bald nach Irland (wie schon gesagt, ich wollte reisen … und ausnahmslos jeder, mit dem ich eine Unterhaltung über potenzielle Reiseländer geführt habe, war der Meinung, Irland sei ein schönes Land. Für eine Reise alleine nach Südafrika habe ich nicht genug Mut – also warum nicht Irland?). Und von Irland aus Bewerbungen verschicken, das muss echt nicht sein. Also:

Vorbereitungsschritt Nummer 1: Herausfinden, was ich denn nun überhaupt studieren möchte.

Vorbereitungsschritt Nummer 2: Herausfinden, ob Mama und Papa nicht Lust haben, meine Bewerbungen durchzuführen, wenn ich in Irland bin.

Vorbereitungsschritt Nummer 3: Die Bewerbungen so weit durchplanen, dass es für die beiden kein allzu großer Aufwand wird.

Vorbereitungsschritt Nummer 4: Herausfinden, wo ich überhaupt studieren will.

Religionen interessieren mich, die großen und die kleineren. Und durch meine Brüder habe ich einen relativ weiten Blick in die Welt des Islams, der islamischen, aber vor allem nahöstlichen Länder bekommen. Und jedes Mal, wenn die beiden wieder etwas aus ihrer Heimat erzählen, verstehe ich ihre Schilderungen nicht richtig, weil ich schlichtweg nicht genug weiß über die Kultur, Geschichte, Sprache des Landes. Arabisch und Persisch lernen, darauf hätte ich so Lust – weil es natürlich schon etliche Farsi-Stunden am Küchentisch im Pfarrhaus gab. Also, warum nicht Islamwissenschaften? Nur musste ich erst einmal auf dieses Studienfach kommen, und das ist gar nicht so leicht gewesen. Immerhin gibt es so viele Studiengänge, es fällt leicht, da den einen oder anderen zu vergessen. Irgendwie ist die Idee aber plötzlich da, und sie gefällt mir. Sehr sogar, alles an dem Fach und den Fächerbeschreibungen auf den Uni-Websites spricht mich an, weckt in mir das Gefühl, das ein kleines (oder großes) Kind am Geburtstag hat, wenn es ans Geschenkeauspacken geht.

Germanistik werde ich dann gleichzeitig studieren. Ich habe das dringende Gefühl, dass ein Germanistikstudium irgendwie sinnvoll ist. Um zu übersetzen zum Beispiel.

Natürlich schaue ich auch nach, wie viel Geld ich mit dieser Fächerkombi später mal verdienen kann, ob es für ein Leben reichen würde, in dem ich mir ab und zu einen schönen neuen Pulli kaufen kann.

Um so etwas herauszubekommen, muss man sich vorher wiederum Gedanken darüber machen, was einem wichtiger ist: Viel Geld oder viel Spaß an der Arbeit? Und das lernen wir definitiv nicht in der Schule, wie denn auch? Das war also Schritt Nummer 1, der eigentlich nicht viel Zeit in Anspruch nimmt – ein Rundgang durchs Zimmer und ein Blick in den Kühlschrank, dann einmal kurz überlegen, wie viel man davon entbehren könnte, ohne aus der Komfortzone zu fallen. Oder du gibst einfach einen feuchten Dreck auf jedwede Berufsaussichten und überlegst einfach, was dir am meisten Spaß macht. Nun zu Vorbereitungsschritt Nummer 2: Mama und Papa einspannen! Ich muss zugeben, sie haben erstaunlich schnell zugestimmt. Die Bedingung war nur, dass ich vor ihrem Auftritt alles so gut wie möglich organisiere, sodass die beiden nur noch auf Links klicken müssen, Formulare nach meinen bereits aufgeschriebenen Angaben ausfüllen und Briefumschläge verschließen müssen. Die Bewerbungsfristen laufen fast alle im Mai oder Juni an, wenn ich noch an der Küste Irlands umherlaufe. Schritt Nummer 3 ist damit ja auch schon geklärt, doch der ist ätzend. Warum sind die Websites der meisten Unis so dermaßen unübersichtlich? Manchmal habe ich fast das Gefühl, dass diese Seiten extra so gemacht sind, damit sich möglichst wenige Studieninteressierte einschreiben. Oder so, als wären die Websites allesamt Experimente der schlechtesten Erstsemester in Mediengestaltung. Irgendwann finde ich trotzdem raus, dass das Fach Islamwissenschaft an den meisten Unis zulassungsfrei ist. Hätte mir ja auch früher auffallen können, oh *Mann*. Super – der zeitaufwendigste Schritt (Nummer 2) war unnötig! Schritt Nummer 4 ist dafür ganz einfach: Eine Stadt, in der sowohl Islamwissenschaften als auch Germanistik zulassungsfrei sind und trotzdem guten Inhalt lehren. Wie bei den meisten Studenten in meinem Umfeld und zum Ärgernis meiner Eltern, spielt allerdings irgendwie trotzdem die Stadt selbst bei dieser Entscheidung die größere Rolle als der genaue Studieninhalt. Und zur Not kann man ja immer noch die Uni wechseln – wobei, die Uni Heidelberg sollte doch zumindest halbwegs exzellent sein.

Oh Mann, Oma!

Nein Oma, ich möchte nicht konvertieren. Ja, Oma, da lerne ich
Arabisch. Nein, Oma, ich trage dann nicht für immer ein Kopf-
tuch. Nicht nur meine Oma betrachtet die Entscheidung ihrer
Enkelin kritisch, Lars zum Beispiel muss immer noch extrem viel
Kritik aushalten. Abbringen lässt er sich von seinen Plänen bezüg-
lich Bundeswehr und dem Politikstudium trotzdem nicht. Aber
in seinem Hinterkopf ist natürlich wieder, oder eher immer noch
der Wunsch, seinen Eltern mit dem, was er tut, zu gefallen. Das
irgendwie mit seinen Plänen in Verbindung zu bringen, ist sehr
schwer für Lars. Alice geht es da ein bisschen anders, sie weiß
noch nicht, was sie studieren möchte, zumindest steht für sie
noch nichts fest: Jede Woche hat sie eine neue Idee, sich ein neues
Studienfach oder eine neue Ausbildung ausgeguckt. Und jede
Idee wird von ihren Eltern unterstützt. Trotzdem merkt auch sie
es, wenn ihre Unterstützer die aktuelle Idee für Blödsinn halten.
Und das ist für Alice, der die Meinung ihrer Eltern sehr wichtig
ist (die sich wirklich Mühe geben, diese zu verbergen, um ihre
Tochter nicht zu sehr zu beeinflussen), immer gleich eine große
Sache. Meistens legt sie die Idee dann beiseite und sucht sich eine
neue. Woher sie die alle hat, ist mir allerdings schleierhaft. Sie
selbst findet es ziemlich blöd, dass ihre Eltern so großen Einfluss
auf sie haben, sogar wenn die das gar nicht wollen. Ich bin gespannt, wie sie dieses Problem lösen wird – sie möchte nämlich
nicht, dass ihre Eltern ihr Studienfach aussuchen, oder sogar das
Gleiche wie ihre Mutter studieren (»wer will das schon?«).

Während sich also fast alle meiner ehemaligen Mitschüler den
Kopf darüber zerbrechen, wie ihr nächstes Jahr oder eben generell ihre Zukunft aussehen soll, kommt von denjenigen, die damals kurz vor dem Abschluss die Schule abgebrochen haben, nur

ein müdes Lächeln. Sie hatten die ganze Zeit über frei gehabt, in der wir uns in der Schule noch abgerackert haben, und konnten sich nach der ersten Enttäuschung ganz gut damit abfinden, kein Abitur mehr zu machen. Fast alle Schulabbrecher haben dann im Herbst direkt eine Ausbildung angefangen. Wohnungssuche? Schon ... erledigt. Was passiert nach der Ausbildung? Im Ausbildungsbetrieb bleiben für zwei weitere Jahre, oder sogar länger. Geld verdienen? Läuft. Kindergeld? Läuft auch. Nervende Eltern, die fragen, wie es weitergehen soll? Sind beruhigt und stolz. Zu Recht, obwohl das alles noch lange nicht heißt, dass ihre Kinder nicht auch noch ihren Weg ins Ausland und auf große, mehr oder weniger gefährliche Reisen finden.

Nina, eine Freundin, die ihr Abitur gemacht hat und ein Jahr danach eine Ausbildung zur Kinderkrankenschwester machen möchte, fragt mich resigniert über WhatsApp, warum zur Hölle sie sich den Abi-Stress überhaupt angetan hat. Tja. Ich persönlich finde ja, es hat sich gelohnt, einfach, um den Abschluss zu haben und somit unendlich viele Möglichkeiten.

Still working

Während der Planungen für die Uni und meinen Auszug aus Berlin, meine Reise und alles andere arbeite ich immer noch in der Bäckerei: Es ist wirklich zur Routine geworden, das Geschäft zu öffnen und zu schließen, zu putzen, für den nächsten Tag vorzubereiten oder einfach für die nächste Schicht. Ich schmiere jetzt drei Brötchen pro Minute, wenn ich gut bin, knapp dreißig Paninis in einer Viertelstunde oder auch nur zehn Minuten, achtzig Hotdogs in einer Dreiviertelstunde, nur bei den gemischten Salaten versage ich jedes Mal. Die wollen einfach nicht schön aussehen. Ich weiß auswendig, welches Produkt wo in der Kasse gespeichert ist und was wie viel kostet, welche Softdrinks bald ablaufen und wie viele Gramm wovon in welchen »frischen« Joghurtbecher gehören. Da es nicht besonders viel Kopfarbeit braucht, all das zu erledigen, wenn man es jeden Tag tut, ist die Arbeit zu nicht mehr als einer anstrengenden Beschäftigung geworden, die eben erledigt werden muss. Währenddessen denke ich immer über Alices neueste Projekte und Erkenntnisse nach, die sie ständig gerne mit mir teilt.

Bore-Out: Wunsch zu lernen

Aber an sich fordert mich mein Beruf nicht. Dass einem Anforderungen so sehr fehlen können, wusste ich nicht. Es überrascht mich, aber das Lernen als Beschäftigung fehlt mir unglaublich. Und, ich bin doch etwas erstaunt, plötzlich freue ich mich noch mehr darauf, ab Herbst studieren zu können. Trotzdem bin ich total froh, nicht direkt nach der Schule angefangen zu haben zu studieren – dann hätte ich nie erfahren, wie es ist, lernen zu *wollen*, es zu brauchen. Ganz sicher bin ich mir jetzt: Dieser Herbst ist für mich der richtige Zeitpunkt, um anzufangen zu studieren.

Nicht die Frage nervt, sondern die Reaktion

Es ist Sonntagabend nach der Arbeit, die S-Bahn fährt nicht und die U-Bahn aus irgendeinem nervigen Grund auch nicht. Also nehme ich ein Taxi, zum Laufen ist der Weg zu weit. Der Taxifahrer fragt mich nach meinen Studienplänen. Hätte er das nicht getan, wäre die Fahrt langweilig geworden. Er fängt sofort an, mit mir zu diskutieren und ich finde einiges über seine Meinung zum Thema Religion an sich heraus (die Unterhaltung ist sehr einseitig). Nachdem er mich noch gefragt hat, ob ich meinen Eltern eins auswischen möchte (»Ich meine, Germanistik und Islamwissenschaften ...?«), beginnt er zu philosophieren, und meine Möglichkeiten, sich am Gespräch zu beteiligen, gehen damit gegen null. Was er zu sagen hat, ist interessant, auch wenn ich ihm nicht ganz zustimme. Ob er wohl auch gesagt hätte, dass Religion Müll und Verarsche sind, wenn er gewusst hätte, dass sein Fahrgast aus einer Pfarrfamilie kommt? Was mich jedoch mehr beschäftigt als seine Meinung zu Islamwissenschaften im Allgemeinen ist seine Frage meine Eltern betreffend. Da dachte ich als erstes an Germanistik als Grund, doch er meint augenscheinlich das andere Fach. Dass Germanistik ein Fach ist, bei dem einem oft gesagt wird, dass damit doch gar nichts anzufangen sei, hat ja auch meine Tante schon erleben müssen. Doch dass beide meine Fächer Müll sein sollen? Schluck. Die Lust darauf, mir das noch länger anzuhören, ist relativ gering. Na ja. Ich werde seine Ansprache wohl ertragen müssen, denn der Taxifahrer ist noch voll dabei. Von dem Wunsch zu studieren, lasse ich mich nicht abbringen, auch wenn der Taxifahrer versucht, mich zu überzeugen, eine Ausbildung zu machen, ich wäre dann in der Zukunft »viel sicherer, was mein Einkommen betrifft«. »Und überhaupt, solange du nicht Medizin oder Jura studierst, kannst du es auch gleich sein lassen!«, meint er.

Ich denke mir: Jedes Fach ist nützlich, solange es dazu beiträgt, dass die Studenten sich am Ende mit Themen beschäftigen, die wenigstens einem einzelnen Mitmenschen das Gefühl geben, nicht vergessen zu werden, weil es zum Beispiel einen Journalisten gibt, der über ihre Lage berichtet. Einsame Menschen können ganz schön schlimme Sachen machen, Chaos und Schaden anrichten. Um nur ein Beispiel zu nennen. Also, Taxifahrer: Bullshit! Danke für die Nichthilfe! Meine Freunde, denen ich vom Taxifahrer erzähle, sehen es auch so.

Beziehungschaos

Erstaunlich, wie so vielen Jugendlichen, die in der Schule nie aufgepasst und sich die ausgeklügeltesten Abschreib-Taktiken ausgedacht haben, gerade das Lernen fehlen kann. Diejenigen, die in einer Beziehung sind, halten sich allgemein eher raus bei Diskussionen über das Thema Studienort. Sie wissen nicht, was aus ihrer Beziehung wird, wenn der Partner in einer anderen Stadt wohnt. Oder ob sie füreinander Pläne aufgeben sollen, um am selben Ort leben zu können. Bis jetzt hat mir noch keiner erzählt, dass er für sich da schon eine Lösung gefunden hat. Es heißt immer: »Ach, ich weiß nicht ...«, »Mann, irgendwie ist das so kompliziert!« oder »Das Blöde ist halt, dass meine Freundin im Ausland studieren will und ich eigentlich überhaupt gar nicht«. Diejenigen, die sich nicht direkt nach dem Abi getrennt haben, wissen ziemlich genau, dass ihnen wirklich, wirklich viel aneinander liegt. Entscheiden sie sich jetzt für eine Trennung, sind beide halt supertraurig. Tun sie das nicht, werden sie vermutlich die nächsten drei Jahre eine Fernbeziehung führen müssen – und darauf hat eigentlich keiner Lust. Bleibt noch die Möglichkeit zusammenzuziehen, die aber das große Minus hat, dass mindestens einer von beiden seine Pläne über den Haufen schmeißen muss. Warum kein Fernstudium? Damit könnte man als Paar zusammenbleiben und trotzdem hätte man die Möglichkeit zu studieren, was auch immer man will. Nur: Wer macht das Fernstudium, wer das Präsenzstudium? Wer muss auf alles, worauf er sich freut, wenn er ans Studieren denkt, verzichten? Auf das Campusleben, Uni-Partys, Kommilitonen und einfach alles, was ein Student eben außer Lernen noch den lieben langen Tag macht. Das ist einfach ein ziemlich großes Entgegenkommen, ein ziemlich großer Verzicht. Und die wenigsten meiner Freunde, die schon über ein Fernstudium nachgedacht haben, wollen so einen

Verzicht für sich selbst oder für den anderen. Eine Zwickmühle. So ergibt sich immer das Gefühl, dass alle Paare gerade in einer Art Schwebezustand sind und nicht wissen, wie sie wieder auf den Boden kommen sollen. Bestimmt erfindet irgendwann jemand, der diese Zwickmühle selbst erlebt, eine neue Art Universität, die diese Zwickmühle in Luft auflöst. Na ja, vielleicht auch nicht – aber schön wäre es!

Bei der Bank

Meine Flüge für Irland zu buchen, das übernimmt Mama, weil sie angeblich Lust drauf hat und ich schlichtweg zu faul bin, mich durch die Website der Airline zu wühlen, wenn es jemand anderes auch noch freiwillig tut. Vielleicht will sie mich auch nur bemuttern, auf jeden Fall ist das einer der Punkte, die ich meiner Mutter gerne überlasse. Natürlich zahle ich die Flüge trotzdem selber – der Trick »Mama-kannst-du-mir-bitte-helfen-und-wenn-du-schon-dabei-bist-auch-gleich-zahlen« klappt leider nicht so oft bei ihr. Aber wofür arbeite ich denn auch, wenn nicht dafür, das Geld wieder auszugeben? Oder? Es ist schön, endlich etwas festgelegt zu haben für die Reise, außer dem Ort, an den ich will. Endlich kommt es ins Rollen. Genauso schön ist es, wenn das Onlinebanking nicht funktioniert, das man aber definitiv braucht, um seine Tickets zu zahlen. Dreimal versuche ich, zu überweisen. Nein? Nein. Nein! Irgendetwas mit einem Maximalbetrag stimmt nicht. Hä? Also wird der Schlafanzugtag abgebrochen, geduscht, sich geschminkt, Otto lacht mich aus, meine Mütze trifft ihn an der Schläfe: Volltreffer! Durch ein immer noch eiskaltes Berlin stapfe ich zur Bank. Nach dreißig Minuten Wartezeit trage ich dem gelangweilten Angestellten mein Anliegen vor. »Da müssen Sie bei unserem Telefonservice anrufen, das kann ich hier in der Filiale nicht bearbeiten.« Erstens: Wo gibt es denn *sowas?* Zweitens: Als hätte mir der vom Telefonservice, bei dem ich noch im Schlafanzug hoffnungsvoll zwanzig Minuten in der Warteschleife hing, nicht kurz und knapp erklärt, dass er das nicht bearbeiten könne, ich müsse das in einer Filiale klären. Irgendwann finde ich heraus, dass ich in Berlin in keiner Filiale meine Daten ändern kann, wenn ich mein Konto nicht in Berlin eröffnet habe. Also rufe ich dort an, wo das Konto eröffnet wurde. Jetzt geht's. »Ihre Ausweisnummer, bitte! Sie stimmt nicht überein.« Der tatsächlich ungewöhnlich unglaublich nette Mann am anderen Ende der Leitung kommt irgendwann auf die Idee, dass ich vielleicht seit Eröffnung des Kontos einen neuen Ausweis bekommen habe? *Jup.* Er ist so nett und hilft mir trotzdem mit meinem Problem, nachdem ich ihm meinen hässlichen zweiten Namen und mein Geburtsdatum verrate. Und schon kann ich mehr als hundert Euro am Tag überweisen.

WhatsApp-Chat
mit Alice

Alice: *Sprachnachricht (5:10 min)*
Ich: *Kann grad nicht anhören, magst du's schreiben?*
Alice: *Sprachnachricht (2:36 Min)*
Alice: *Sprachnachricht (9:21 Min)*

...

Ich: *Jetzt hab ich's gehört – nein, ich hab keinen Plan, wie sich deine Beziehung entwickelt, falls du nicht nach Kiel ziehen kannst zum Studieren.*
Alice: *Das wären halt noch mal mindestens zwei Jahre Fernbeziehung, und das ist so super anstrengend und och Mann*

...

Ich: *Ich drück euch die Daumen! <3*
Alice: *Danke.*
Alice: *Ich weiß ja noch nicht mal, was ich studieren will.*
Ich: *Du findest noch was*
Alice: *Weißt du es schon?*
Ich: *Ja ☺ ☺ 75 Prozent Islamwissenschaften und 25 Prozent Germanistik.*
Alice: *Das passt ;) Was hat deine Familie gesagt?*
Ich: *Sprachnachricht (8:12 Min)*
Alice: *Lol, der Taxifahrer :D*

8. Auf dem Sprung: wieder im Elternhaus

Es ist Ende März – schon?! Die Zeit verging dann doch irgendwie wie im Flug, selbst wenn mein Leben nicht so superspannend war im letzten halben Jahr. Aber in einem Monat werde ich schon mit meinem Rucksack auf Reisen sein. Das alles ist noch nicht so unglaublich gut geplant. Ich stelle mir diesen komischen und irgendwie auch außerordentlich hässlichen WhatsApp-Emoji vor, der seine Augen aufreißt und ganz rot angelaufen ist vor Verblüfftheit oder Schreck oder was das Ding eigentlich darstellen soll. Es heißt ja ständig, dass wir verlernen, richtig zu schreiben durch diese ganzen Emojis und Smileys und GIFs etc. Irgendwie stimmt das, aber irgendwie auch gar nicht. Immer wieder denke ich, dass, wenn ich einen Emoji im Text zur Verfügung hätte, manches vielleicht leichter auszudrücken wäre. Das wird immer als etwas Schlechtes dargestellt, und klar, dadurch geht das normale Schreiben ein bisschen verloren. Aber ist das unbedingt etwas Schlechtes, wenn sowieso jeder noch während des Lesens selbst die passenden Emojis vor Augen hat? Vielleicht würde ich einen Versuch starten, wäre ich Lehrerin, mit meiner Klasse: Schreiben mit Emojis im Text. Und dann mal gucken, ob der Text genauso verständlich ist oder ob ihn dann jeder anders versteht. Denn dann wäre es ja tatsächlich ein kleines winziges bisschen blöd, dass wir uns so an diese hässlichen, meist runden und gelben Gesichter gewöhnt haben und immer mehr gewöhnen. Obwohl, mittlerweile kann man sich ja die Hautfarbe seiner Emojis aussuchen. Bin ich jetzt der Rassist oder WhatsApp? Oder keiner von uns? An dieser Stelle käme der Affe, der sich die Hände vor die Augen hält. Vor Verzweiflung in diesem Fall. Na ja.

Not working anymore

Auf jeden Fall höre ich auf, in der Bäckerei zu jobben. So gute Chefs werde ich nie wieder haben, sie haben mir die sechs Monate lang viele Freiheiten gegeben und waren immer flexibel. Sie wollen mich behalten, schreiben mir ein Empfehlungsschreiben, falls ich während der Uni wieder bei der Bäckerei-Kette arbeiten kann (Pssst, nicht verraten: Eigentlich ist das das Allerletzte, was ich will). Es fällt mir überhaupt nicht schwer zu gehen. Eine Kollegin werde ich vermissen, das war's. Also fahre ich ein letztes Mal den Weg von der Arbeit zurück in die WG in Berlin. Nie wieder um halb ein Uhr morgens aufstehen, nur um 116 Brötchen (ja, ich habe gezählt) zu belegen und den ganzen Tag lang immer wieder die Theke aufzufüllen. Na ja, das Geld war es wert. Obwohl ich nun ohne Beschäftigung dastehe, vermisse ich die Schule weniger als zu der Zeit, in der ich angefangen habe zu arbeiten. So weit entfernt bin ich mittlerweile sowohl räumlich als auch emotional von meinen Lehrern, meinem alten Stundenplan und den Quälereien durch sexistische Sportlehrer. Das sind größtenteils schöne Erinnerungen. Der Sportlehrer gehört natürlich nicht dazu. Ich rege mich nicht mehr auf über all das Unnötige, was irgendjemand, der viel zu überzeugt von seinem Fach war, dem Lehrplan meines Jahrgangs zugefügt hat. Neunzig Prozent der mathematischen Formeln, die ich mir vor ziemlich genau einem Jahr wie eine Verrückte eingeprägt habe, sind meinem Gedächtnis entschwunden. Als hätte mein Hirn alles aufgelöst, was es als nicht überlebenswichtig erachtet: Puff, ein bisschen Glitzerstaub und schon ist mehr Platz für wirklich relevantes Wissen. Wie zum Beispiel die StVO, die es für die theoretische und vielleicht auch die praktische Führerscheinprüfung zu kennen gilt. Da ich die Theorieprüfung schon hinter mir habe, ist natürlich auch die StVO größtenteils zu Glitzerstaub geworden. Immerhin habe ich noch keinen Unfall gebaut.

In drei Tagen ist die praktische Prüfung, hoffentlich ist genug von der StVO in meinem Kopf hängen geblieben, dann kann ich zu dem geplanten Termin nach Hause fahren und endlich ausziehen. Vor einer Woche hat mein Vater schon alles bis auf meinen Koffer in sein Auto geladen und zurück nach Hause gefahren. Sein Kommentar: »Zu irgendetwas müssen Väter ja gut sein.« Wenn ihn das dazu veranlasst, immer für mich einen auf Umzugsservice zu machen, stimme ich zu. Auch Otto zieht aus, aber in eine andere Wohnung in Berlin. Er will noch ein bisschen jobben, bevor er etwas anderes anfängt. Der Abschied fällt uns nicht schwer, denn eigentlich war es für uns beide zu eng in unserer Mini-WG. So habe ich die letzten zwei Tage in Berlin die Wohnung für mich allein. Das ist schön – sehr entspannend!

Ups, das hat nicht geklappt

Es war zu viel Glitzerstaub, vielleicht wegen der sehr intensiven Entspannungsphase, die ich mir die letzten zwei Tage gegönnt habe. Ein weiteres Drittel Monatsgehalt gehört jetzt meiner Fahrschule, und ich darf die Prüfung eine Woche später wiederholen. Vorher müssen aber noch meine Busse, Züge und Flüge umgebucht werden. Ich werde meinen Flug nach Irland verschieben, ein bisschen Zeit soll auch noch meiner Familie gehören. Und ein weiteres Drittel Monatsgehalt für alle umgebuchten Reisen.

Diesmal bestehe ich die Prüfung. Den vorläufigen Führerschein kann ich sechs Wochen später in der Zulassungsbehörde abgeben und gegen den richtigen Wisch eintauschen. In sechs Wochen. Bin. Ich. In. Irland. Das versuche ich der Frau in der Zulassungsbehörde zu erklären, ob ich denn nicht noch die Angabe ändern könne, dass ich den Führerschein abhole, anstatt ihn mir zuschicken zu lassen. »Nein, das ist zu aufwendig.« Auf ihrem Bildschirm sehe ich genau, dass sie meine Adresse bereits eingespeichert hat. Ob jemand anderes den blöden Führerschein für mich abholen könne. »Ja, wenn diese Person eine Vollmacht und Ihren Personalausweis mitbringt.« Meinen. Ausweis. Nehme. Ich. Mit. Ins. Ausland. Es erscheint mir hier wichtig zu erwähnen, dass es nicht meine Schuld ist, dass die Prüfung erst jetzt stattfinden konnte. Vor einem knappen halben Jahr hieß es, die Prüfungszulassung würde mir innerhalb von sieben Wochen zugeschickt. Aber die Berliner Bürgerämter hatten mal wieder organisatorische Probleme und brauchten für Prüfungszulassungen zu dieser Zeit knappe vier Monate. Es ist herrlich. Meiner Tante gebe ich eine Vollmacht, eine Kopie meines Personalausweises, und sie verspricht mir, den Führerschein für mich abzuholen. Am selben Tag noch schaue ich auf meinen Kontostand, und damit wird mir wieder einmal vor Augen gehalten, wie viel Glück ich hatte, dass ich nicht ins mündliche Mathe-Abi musste. Das wäre die schlimmste Viertelstunde meines Lebens geworden, vor drei Prüfern stehend, die sich wohl ebenso wie ich das Ende der Prüfung herbeigewünscht hätten. Nicht einmal übel hätte ich ihnen das nehmen können. Immerhin habe ich mich um zwei Bäckerei-Monatsgehälter verrechnet, als ich mir überlegt habe, wie lange ich wohl für Irland arbeiten muss. Denn den benötigten Betrag hatte ich mir bereits Ende Januar erarbeitet – und das nicht einmal bemerkt. Ich werde also noch zwei Monatslöhne Puffer für diese Reise haben. Auch gut. Oder ich schmeiße das

Geld einfach fröhlich aus dem Fenster raus, mal sehen. Jedenfalls werde ich die Reise umso mehr genießen, wenn ich weiß, dass ich doch nicht jede Packung Kaugummis umdrehen muss, während ich mir überlege, ob ich sie kaufen kann. Eigentlich waren meine vielen Rechnungen nämlich ziemlich knapp geschnitten. Hm. Immerhin habe ich nicht zwei Monate zu wenig berechnet. Das wäre zum Verreisen dezent blöd gewesen.

Erheitert steige ich in den Fernbus nach Hause, zu meiner Familie und den beiden Brüdern, die gerade voll im Prüfungsstress sind.

Wieder zu Hause

Ein bisschen mehr Kind bin ich wieder, aber das stört nicht, und in ein neues Loch falle ich auch nicht – davor hatte ich ein bisschen Panik gehabt.

Wie hab ich sie alle vermisst! Während ich viel zu früh am Morgen dabei bin, mein Zimmer von einer dicken Staubschicht zu befreien, rufe ich mir ins Gedächtnis, dass ich es doch irgendwie tatsächlich zu schätzen weiß, wieder um halb sieben von meinen geliebten lärmenden Brüdern auf dem Weg die Treppe runter extrem unsanft geweckt zu werden. Denn mit zwei Gleichaltrigen wird es nie langweilig und vor allem nie leise im Haus. Es ist immer jemand da, an dem man seine vielleicht beschissene Laune auslassen kann, oder jemand schlecht gelauntes, dem man die eigene supergute Laune unter die Nase reiben kann. Auch immer einer, mit dem zusammen man sich langweilen oder Quatsch machen kann. Das ist es, was ich so vermisst habe, und jetzt genieße ich es einfach.

Meiner Familie auf den Wecker zu gehen ist aber nicht das Einzige, was ich zu Hause mache – wenn ich ein Ziel habe, dann liebe ich es, alles dafür zu planen. Jetzt ist das Ziel mein Studium. Also sucht Google mir alle Infos über die Immatrikulationsfristen für das nächste Semester raus und als kleinen Vorfreude-Bonus auch noch ganz, ganz, ganz, ganz viele Studentenwohnheime. Das mit der Land-WG überlege ich mir zumindest für den Anfang noch mal anders, als mir die unglaublich niedrigen Wohnheim-Mieten bewusst werden. Trotzdem. Jetzt kann auch ich nicht mehr vor dem Wohnungskrieg fliehen, in dem jeder gegen jeden in die Schlacht zieht, um ein Zimmer mit fließendem Wasser und ohne Schimmel zu bekommen, das mehr als sechs Quadratmeter hat.

Wohnheime vergeben ihre Zimmer für gewöhnlich nach dem Prinzip »Wer zuerst kommt, mahlt zuerst«. Und da die Bewerbungsfristen jetzt gerade erst beginnen, rechne ich mir gute Chancen aus. Aber wie könnte es denn so einfach sein: Wohnheime wollen Immatrikulationsbescheinigungen. Haha, guter Witz. Immatrikulieren kann man sich für gewöhnlich erst zwei Wochen vor Semesterbeginn. Wie der Kerl am Info-Telefon der Uni so schön sagte: »Wenn unsere ITler schnell sind, vielleicht auch ein bisschen früher.« Etwas in mir möchte schreien. Wie groß ist wohl die Chance, durch eine Wohnheim-Warteliste zu kommen, wenn es erst zwei Wochen vor Einzugstermin möglich ist, sich zu bewerben? Irgendeine andere Möglichkeit muss es geben, nur Dumm-Olga hat keine Ahnung. Ich versuche es mit einer Mail an ein Wohnheim-Sekretariat. Bis jetzt keine Antwort. Ans Telefon geht auch keiner. Das Etwas in mir lässt den wütenden Schrei jetzt raus.

Mein Vater und meine Stiefmutter sind viel nachsichtiger mit meinen Brüdern und mir geworden. Mein Bruder hat mal wieder die Schule geschwänzt? Es wird ihm vergeben. Der andere Bruder hat schon wieder nicht das Bad geputzt? Schon okay. Ich »vergesse« einkaufen zu gehen oder schreie spätabends so laut ich kann, weil mich der Heidelberger Wohnungsmarkt frustriert? Nicht schlimm. Wir wundern uns, aber es ist cool! Eines Abends schauen unsere Eltern uns an und seufzen: »Ach, bald seid ihr dann alle aus dem Haus und wir ganz alleine hier im großen Pfarrhaus!« Bei uns ist das wirklich krass, weil im Prinzip drei Kinder gleichzeitig und auf Dauer das Haus verlassen werden. Aber auch andere Eltern haben es bestimmt nicht viel leichter, wenn ein Kind nach dem anderen auszieht. Vielleicht sogar schwerer, weil ständig jemand auszieht. Ich stelle mir das vor, als würde man ein Pflaster im Schneckentempo abreißen und die Klebereste nicht abmachen. So, als würden sie ein Pflaster super langsam abreißen, anstatt bis drei zu zählen und weg damit. Unsere Eltern sind also weniger streng mit uns, weil wir alle drei bald weg sind. Meine Brüder schreiben gerade ihre wichtigsten Prüfungen, und wenn die vorbei sind, werden sie anfangen, nach einer Wohnung zu suchen. Wir beschließen, mehr mit unseren Eltern zu unternehmen, damit sie es praktisch noch ein paar letzte Monate genießen können, drei sich ständig kabbelnde Jugendliche (die nie das tun, was ihnen gesagt wird, weil sie ja jetzt wissen, dass das keine Konsequenzen hat) unter ihrem Dach zu haben.

Diesem Genuss verschafft mein Vater eine Pause, indem er Monate zu spät mein Kindergeld neu beantragt. Ich bin nicht die Einzige in der Familie, die Papierkram hasst: Die Kindergeldstelle hat ihm schon vor vier Monaten (als ich achtzehn wurde) wie angekündigt einen Brief geschrieben, in dem so viel stand wie, dass man ab jetzt all die Nachweise bräuchte, die meine ehemaligen Mitschüler alle direkt nach dem Abitur einreichen mussten, um weiter Kindergeld auszahlen zu können. Aber Papa hatte immer etwas Besseres zu tun – verständlich. Also mache ich schnell den Studien-Orientierungstest, den man in weniger als zehn Minuten im Internet absolvieren kann, und er versucht es damit. Dieser Test sagt nichts darüber aus, ob jemand tatsächlich studiert oder sich irgendwo beworben hat oder sonst etwas. Also mal sehen, ob die Kindergeldstelle das als Nachweis akzeptiert.

Mehr Geld als das, was ich im letzten halben Jahr verdient habe, werde ich wohl vorerst nicht haben – wie auch, ohne zu arbeiten oder eine Rückmeldung von der Kindergeldstelle. Das Geld reicht locker aus für meine Reise und eventuell noch ein paar Sommerbesuche bei diversen Tanten und Onkeln im August. Trotzdem freue ich mich über einen kleinen Betrag, den mir das Finanzamt überweist. Steuern, die ich zurückbekomme. Nett anzusehen auf den Kontoauszügen, denn an sich fehlt einem Geld ja nicht, das man nie auf dem Konto hatte. In Reisetagen gerechnet hat mir die Stadt Berlin also knapp eine Woche überwiesen. Für die Zukunft merke ich mir: Wenn du dich nicht darauf einstellst, etwas (sei es Geld oder einen Gegenstand oder einen Gefallen) zurückzubekommen, ist es umso schöner, wenn es dann doch passiert und fast (aber auch nur fast, denn eigentlich hast du es dir ja verdient) wie ein kleines oder auch etwas größeres Geschenk.

Wiedersehensgequatsche

Am nächsten Morgen stehe ich früh auf, ich werde Alice in Freiburg besuchen gehen (und nebenbei zu meiner Mutter fahren). Vorher begebe ich mich aber noch zum Bäcker, um etwas zu frühstücken. Die arme Frau an der Kasse ist dermaßen im Stress, die Schlange ist superlang. Während sie bedient und kassiert, sortiert sie die Schilder, die die Waren kennzeichnen, und ruft nach Verstärkung, die sich Zeit lässt. Da bin ich unglaublich froh, meine Stelle in der Bäckerei nicht mehr zu haben. Und so fängt mein Tag gleich gut an. Weiter geht er dann mit einer freundlichen Angestellten bei der Bank, der ich meine neue Personalausweisnummer gebe. Wie beschissen ist diese Regelung eigentlich, dass Kunde X, der vielleicht hunderte Kilometer entfernt wohnt, neue persönliche Daten nur in der Filiale angeben kann, in der er das Konto eröffnet hat? Die Angestellte stimmt selbstverständlich vollkommen mit meiner Beschwerde überein, lächelt freundlich und verabschiedet mich.

Es ist schön, Alice wieder zu sehen. Wir verbringen den ganzen Tag miteinander, und sie erzählt mir, was sie schlussendlich studieren möchte, wohin sie Bewerbungen schickt. Erziehungswissenschaften soll es sein, am liebsten in der Stadt, in der auch ihr Freund studiert. Und anders als ihre vorigen Ideen fühlt sich dieser Plan »richtig« an, wie sie es formuliert. So wie mein Plan mit den Islamwissenschaften. Das ist das Gefühl, das wir beide uns gewünscht hatten für unsere Studienwahl. Vermutlich bleiben wir auch beide bei unseren Vorhaben. Ziemlich lange ist es her, dass wir uns das letzte Mal gesehen haben, und wir reden den ganzen Tag – nur unterbrochen von einem kleinen Mittagsschlaf. Wir kochen, was wir in der Oberstufe fast jeden Mittag zusammen gegessen haben: Nudeln mit Alnatura-Tomatensauce (zu faul zum Aufwärmen) und Emmentaler. Beim Essen verrät Alice mir, dass ihre Eltern auf ihren jetzigen Uni-Plan gekommen sind. Ich tröste sie damit, dass ihre Eltern sie halt eben auch einfach richtig gut kennen. Bis mitten in der Nacht bleibe ich bei ihr, und es ist wirklich schön, ihre Familie wiederzusehen. Früher haben wir sehr viel Zeit bei ihr verbracht, in ihrem riesigen Garten und mit dem Hund. Das Einzige, was fehlt, Freundin Nummer drei in der Clique, mit der wir immer zusammengeklebt haben in der Schule – Pareidolie. So heißt sie nicht wirklich, aber als sie und ich in der sechsten Klasse gemeinsam eine schriftliche Buchvorstellung zu unserem Lieblingsbuch machen sollten, haben wir uns einen Spaß daraus gemacht, das Ganze *sehr* ausführlich zu tun (jeder Buchstabe hatte seine eigene frisch gespitzte Buntstiftfarbe). Zu Ehren unserer peinlichen Sechstklässler-Streberzeit zwingt Freundin Nummer drei mich, sie nach Pareidolie in »Wenn der Windmann kommt« von Antonia Michaelis zu benennen. »Pareidolie« ist gerade in Tansania, seit gut einem halben Jahr haben wir sie nicht mehr gesehen, auch nicht mit ihr geskypt. Das wollten wir die ganze Zeit immer mal machen, aber aus irgendeinem Grund funktioniert die Technik nicht. Und so ist der Kontakt zu ihr viel weniger geworden. Interessant – und ein merkwürdiges Gefühl –, dass Kontakt zu einer so wichtigen Person wie Pareidolie (*Mann, nervt mich dieser Name*) so sehr von Technik abhängt. Ihre Adresse in Tansania kenne ich nicht. Das Einzige, was ich habe, ist ihre Telefonnummer. Ich weiß, dass es ihr gut geht, aber sonst? Was macht sie gerade, wie ist es so mit den anderen Freiwilligen, was genau macht sie überhaupt dort? Zu ihr hatte ich die letzten Jahre viel mehr Kontakt als zu meiner Freundin aus dem Kinderladen – trotzdem weiß ich gerade mehr über letztere als über Pareidolie in Tansania. Woran liegt das, was ist anders an diesen beiden Freundschaften? Bei beiden bin ich mir nämlich ziemlich sicher, dass sie immer zu meinen wichtigsten Freundinnen gehören. Diesmal wissen Alice, ich und die heute leider nicht anwesende Dritte im Bunde, dass Letztere wiederkommt. Hoffentlich wird der Kontakt wieder enger, wenn es so weit ist. Aber die Vorstellung, dass eine so gute Freundschaft einschlafen kann, ist beängstigend. Vor allem, wenn wir uns überlegen, dass eine von uns dreien vielleicht irgendwann einmal weit wegzieht und dort bleibt.

Meine Großmutter, die nun wirklich schon viele Freundschaften hatte und die meisten auch bis zum Ende gehalten hat (tatsächlich das Ende, denn sie ist 91 und hat fast alle ihre Freunde überlebt), meint, dass man nicht nur Beziehungen, sondern auch Freundschaften Raum und Zeit geben muss für Momente, Tage, Wochen, manchmal Monate, in denen es kriselt oder einfach der Kontakt sehr eingeschränkt ist. Sie sagt, dass die Freunde, die es wert sind, die wirklich guten Freunde, trotzdem bleiben – egal wie lange einmal Sendepause ist. Na, wenn sie das sagt, werden wir wohl bald herausfinden, ob Pareidolie zu dieser Sorte von Freunden gehört oder nicht. Dass es vielleicht nicht so ist, wollen wir uns kaum vorstellen.

Vorfreudepanik

Einen Tag später steigen meine Mutter und ich ins Auto – ich darf fahren! Zwei Stunden dauert die Fahrt nach Heidelberg. Die A5 ist unglaublich anstrengend zu fahren, weil verdammt viel los ist und sehr viele LKW die beiden rechten Spuren für sich beanspruchen. Das kann ja was werden, wenn das dann jedes Mal so ist, wenn ich übers Wochenende nach Hause fahre (sollte ich es tatsächlich irgendwann mal zu einem eigenen Auto bringen). Den ganzen Tag über haben wir Zeit, die Stadt zu erkunden, und sie ist wirklich schön! Ich werde noch arm werden, weil shoppen dort so viel Spaß macht. Wir schauen uns die Uni ein bisschen an, suchen die Gebäude, in denen meine Vorlesungen vermutlich stattfinden werden. Ein paar Flyer nehmen wir mit. Dann verlaufen wir uns auf dem Mathecampus. Wie sind wir überhaupt dahin gekommen? Außerdem heißt er bestimmt anders, aber meine Mutter und ich finden, dass diese Bezeichnung ganz gut passt. Studenten wuseln um uns herum, und ich fange an, mich richtig hibbelig zu freuen, bald endlich eine von ihnen zu sein. Vielleicht nicht auf dem Mathecampus. Hier jonglieren ein paar Studenten gerade mit Taschenrechnern – ich habe meine beiden GTR (»grafikfähigen Taschenrechner«) nach dem Abi in die hinterste Ecke einer Schublade in meinem Schreibtisch gesteckt. Vermutlich sind die Batterien schon längst ausgelaufen, keine Ahnung.

Nach sechs Stunden Erkundungstour haben wir den Großteil der Stadt schließlich erfasst. Wir essen etwas und fahren zurück nach Hause. Die Stadt und vor allem die schönen Gebäude der Uni haben Eindruck hinterlassen.

Zu Hause angekommen, suche ich noch einmal nach Wohnheimen und Wohnungen. Es gibt nichts. Nicht für September oder Oktober – aber das ist eigentlich nicht verwunderlich: bei allen Angeboten geht es um einen Mietbeginn ab August. Das Wohnheim, in dem ich angerufen habe und an das ich eine Mail geschrieben hatte, hat noch nicht geantwortet. Plötzlich macht sich Panik bei mir breit, auch bei dem Gedanken an meine Freunde, die jetzt teilweise schon seit sechs Monaten in Jugendherbergen leben. Nichts gegen Jugendherbergen, aber zum Studieren ist das doch ein unpraktischer Wohnort. Da kann man ja nicht einmal kochen. Sofort befrage ich Google zu anderen Wohnheimen, es gibt Tausende, aber auf allen Websites steht etwas von der Immatrikulationsbescheinigung, die ich nicht habe. Ich rufe beim Studentenwerk an. Keiner geht ans Telefon. Was, wenn ich nichts finde? Pendeln könnte ich, aber das wären jeden Tag insgesamt vier Stunden Autofahrt. Das ist ja wohl kaum vertretbar. Meine Stiefmutter hat Freunde dort, sie sind sich auch sicher, dass ich bei denen eine Weile auf der Couch schlafen könnte. Nur irgendwie klingt auch das nicht allzu verlockend, finde ich. Besser als pendeln – klar. Vielleicht findet sich jemand, der sein WG-Zimmer mit mir teilen möchte, wenn ich zwei Drittel des Preises zahle? Das würde ich vermutlich sofort machen, Hauptsache ein Bett, ein Schreibtisch und eine Küche, in der ich mir etwas zu Essen machen kann.

Wahrscheinlich bin ich völlig am Überreagieren, irgendwie muss das ja klappen, alle eingeschriebenen Studenten unterzubringen. Oder? Von Notunterkünften im Fitnessstudio und in Turnhallen habe ich auch schon gehört. Das wäre ätzend. Aber daran komme ich doch bestimmt vorbei, wenn ich alle meine Ansprüche auf ein Minimum herunterfahre und das erste halbwegs saubere Zimmer, das ich mieten könnte, nehme. Nein, mich selbst zu beruhigen, das klappt gerade nicht besonders gut. Plötzlich muss ich an die Wunschwohnungen denken, die Alice, Lars und ich uns zusammengesponnen hatten. Wie weit entfernt diese Vorstellungen von den Tatsachen waren ... wenn ich mir jetzt einmal den Wohnungsmarkt ernsthaft anschaue, kann Alice sich ihren Balkon sowas von abschminken!

9. Alles ist (und war) gut

Um mich von meinem Problem abzulenken und eine Lösung dafür zu finden, gehe ich an die frische Luft. Überall in der Stadt sind Abiturienten unterwegs in ihren Abi-Pullovern und -Hosen. Die verschiedenfarbige Kleidung lässt wie immer die Schüler ihren Schulen zuordnen. Viele, die mit mir zusammen Abitur gemacht haben, mischen diese Abi-Feiern auf, aber da meine Freunde fast alle irgendwo auf der Welt, nur nicht hier sind, gehe ich nicht hin – ohne gute Freunde macht so etwas eben nur halb so viel Spaß. Die Abiturienten, die ich zum Großteil wenigstens vom Sehen kenne, sehen so glücklich aus, es macht Spaß, ihnen zuzusehen. Polizei ist unterwegs, Krankenwagen sind an den Hotspots positioniert, um einen Alkoholvergifteten nach dem anderen ins Krankenhaus zu verfrachten. Vor genau einem Jahr standen meine Freunde, Mitschüler und ich genau da, wo sie heute stehen – die Erinnerung, Teil dieser riesigen Gruppe feiernder Jugendlicher zu sein, ist unbezahlbar.

Was ist alles passiert in diesem Jahr? Der Rest des Schuljahres, »das Loch«, der erste Auszug von zu Hause, das erste Weihnachten, an dem ich »nach Hause gefahren« bin und mein erstes Silvester, an dem ich nicht zu Hause war. Außerdem mein erster Vollzeitjob, meine erste WG, meinen Führerschein habe ich gemacht und zum ersten Mal gekündigt, dann bin ich wieder nach Hause gezogen und habe außerdem herausgefunden, was die Zukunft für mich bringen soll. Das alles zieht noch einmal an mir vorbei, und ich bin zufrieden mit dem bisherigen Verlauf meines »Jahres nach dem Abi«. Und das alles (oder zumindest etwas vielleicht Ähnliches) liegt genau jetzt vor den heute feiernden Abiturienten. Alles Gute wünsche ich ihnen im Stillen. Mal sehen, was aus ihnen wird – das werde ich bestimmt bei diversen Stufentreffen mitbekommen.

Es gelingt mir nicht, mich abzuregen. Ich bin wieder zu Hause und immer noch voll in Panik. Meine Mutter hilft mir, mich zu beruhigen. Sie erzählt mir von ihren Freunden in Heidelberg. Diese vermieten sogar auch eine kleine Wohnung. Zwar etwas außerhalb, aber das ist doch besser als nichts, sagt sie. Und wenn ich sonst wirklich nichts finden sollte, beteuert sie mir, werden diese Freunde mir diese Wohnung bestimmt vermieten. Das beruhigt mich wirklich. Das Letzte was ich will, ist zwar, alleine zu wohnen – das ist aber besser als in einem Fitnessstudio.

Noch einmal setze ich mich an meinen Computer: Es muss doch Wohnheime geben, bei denen eine Bewerbung ohne Immatrikulationsbescheinigung möglich ist! Mein Laptop fängt langsam an zu spinnen, damit ich mir einen neuen kaufe, und irgendwie ist er der Meinung, ständig ein Fenster mit der Website des Studentenwerks öffnen zu müssen. Mann, das nervt ja mal so unglaublich! Weil meine Laune schon wieder im Keller ist – in der hintersten und dunkelsten Ecke sogar –, schaue ich mir deprimiert die teilweise wirklich schönen Wohnheime an. Aus Versehen komme ich auf das Feld »Online-Bewerbung«, und mein Computer braucht eine gefühlte Ewigkeit bis er die Seite geladen hat. Eigentlich wollte ich das Ganze einfach nur wieder wegklicken, aber ganz oben im ersten Absatz steht **fettgedruckt**, wie das läuft mit dem Nachreichen der Immatrikulationsbescheinigung. Die Bescheinigung kann also nachgereicht werden! Nachgereicht! Was zur Hölle ist nur los mit mir? Oh Mann, wie konnte ich das übersehen? Da sieht man, was schlampige Recherche alles zur Folge haben kann. Hätte ich das mal mit Alice zusammen gemacht. Wenn mein Studium nicht von Anfang an den Bach hinuntergehen soll, muss das mit dem Recherchieren noch ein bisschen geübt werden. Aber zuerst ran an die Arbeit.

Sofort fülle ich die Bewerbung aus, es ist so einfach, obwohl ich mich vor Erleichterung und Freude und Ärgernis über mich selbst ein paar Mal vertippe. Man darf sich für drei verschiedene Wohnheime auf einmal bewerben, also suche ich mir überglücklich die drei obersten in der Liste aus (ich war dann doch zu faul, mir Fotos von jedem der genau vierzig Wohnheime des Studentenwerks anzuschauen). Fertig – und abgeschickt. Ab Juni kann ich mich nach meinem Bewerbungsstatus erkundigen, dann weiß ich, wie viele hundert oder tausend meiner zukünftigen Kommilitonen und Kommilitoninnen noch vor mir einen Platz im Wohnheim bekommen haben. Was für ein Wettstreit, der gleich am Anfang unter uns entfacht wird! Vielleicht sind es ja nicht ganz so viele, weil ich nun doch relativ früh meine Bewerbung losgeschickt habe.

Der beste Patenbesuch der Geschichte

Ich erzähle das gleich meiner Patentante Brigitte und meinem Patenonkel, als wir sie in derselben Woche zum Abendessen besuchen. Sie wohnen eine knappe Stunde entfernt – ich darf wieder Auto fahren. Das kommt meiner Mutter zugute, die mit Brigitte unglaublich gerne zum Essen ein oder zwei Gläser Wein trinkt. Im Prinzip mache ich jetzt mehr oder weniger den Fahrservice für meine Mutter, den sie nie für mich gemacht hat, weil ich immer Fahrrad gefahren bin. So vertauschen sich die Rollen, immer wenn sie irgendwohin muss, fragt sie mich, ob ich sie fahren kann. Nicht, dass sie es noch verlernt. Meine Patentante freut sich auch riesig, dass ich diejenige bin, die fährt, denn »alleine ist ein Glas Wein doch nur halb so schön!«. Na dann … Wie Paten es eben so machen, fragen meine Patentante und mein Patenonkel, was ich für Irland schon so geplant habe.

»Gar nichts.«

»Ach, das ist ja toll, da beneide ich dich total, dass du keinen Plan für die Reise machst!«

Ich denke mir: *Dann macht das doch bei eurer nächsten Reise auch so!* Dann reden wir darüber, was ich denn wo studieren möchte.

»Oh, das ist ja schön, das ist doch gar nicht so weit weg von hier, wie toll … Aber warum gerade Heidelberg?« Mein Patenonkel unterbricht seine Frau, indem er sie daran erinnert, dass die Stadt einfach schön ist. Ich bin sehr gerne bei den beiden, sie sind super herzlich. Und trotz der vielen Fragen nicht so nervig wie alle anderen, die mich ausquetschen über meine Pläne für die Zukunft: Anstatt mich zu fragen, was ich später mal machen möchte mit meinen im Studium erworbenen Qualifikationen und dem Wissen fragen sie mich, wie ich darauf gekommen bin, diese Fächer zu studieren. Irgendwie ist diese Frage nicht so voller unerfüllbarer Erwartungen, wenigstens kommt es nicht so rüber. Sehr angenehm. Diese Frage ist voller Interesse und hat gar nichts von dem »Ich-will-wissen-ob-ich-später-mit-dir-angeben-kann-weil-du-eine-große-Nummer-bist«. Wenn Onkel, Tanten und deren beste Freundinnen sowie Nachbarn mich fragen, was ich später mal werden will, komme ich immer unter Druck, weil hinter dieser Frage die Erwartung von etwas Besonderem steht. Und wenn diese Erwartung nicht erfüllt wird, wird man (vom entfernten Bekannten eines Nachbarn von drei Häuser weiter) schnell beiseitegeschoben, da es ja genug andere frisch gebackene Abiturienten im Freundeskreis gibt, die vielversprechender sind. Daher – *danke, liebe Paten!*

Sie fragen mich auch, wie meine Pläne aussehen würden, wenn ich für den Rest meines Lebens unendlich viel Geld zur Verfügung hätte. Auf diesen Gedanken bin ich noch gar nicht gekommen. Aber nach sehr wenig Zeit, die fürs Nachdenken draufging, weiß ich es ganz genau: Zuallererst würde ich den Großteil spenden (andere brauchen es dringender als ich) und dann trotzdem meine Uni-Pläne verwirklichen, einfach um einmal Studentin gewesen zu sein. Danach würde ich immer weiter studieren aber im Fernstudium und währenddessen ganz viel Reisen. Vielleicht würde irgendwann ein kleines Häuschen in meinen Besitz übergehen, und darin gäbe es ganz viele Bücher, ganz viel Wissen. Und dann, wenn ich so viel gelernt habe, dass es für den Rest meines Lebens reicht, ziehe ich mich in dieses Haus zurück und arbeite irgendetwas Spannendes. Nachdem ich meine Antwort noch mal selbst reflektiert habe, fällt mir auf, wie richtig es ist, mit dem Studium bald anzufangen. Danke, liebe Paten, für diese Bestätigung!

Bevor meine Mutter und ich uns wieder auf den Rückweg machen, steckt mir Brigitte noch fünfzig Euro und einen Zettel, auf dem »Gute Reise wünschen dir deine Paten!« steht, zu. *Danke, liebe Paten!*

Mit Lars und Alice diskutiere ich per Skype über die letzte Frage meiner Paten. Lars meint, er würde seine Pläne mit der Bundeswehr und dem Studium trotzdem ganz genau so durchziehen. Da würde Geld nichts ändern. Er würde seiner Familie viel von dem Geld geben, ihnen Häuser kaufen und auch sich selbst Geld für ein Eigenheim zur Seite legen. Seiner Freundin würde er ein riesiges Geschenk machen oder »richtig fett mit ihr shoppen gehen«. Er würde sich und seiner Familie zusammengefasst ein gutes Leben sichern, sodass sie alle die Dinge tun könnten, die ihnen wirklich wichtig sind. Sie müssten weniger arbeiten und hätten so mehr Zeit für ihre Träume.

Die pragmatische Alice würde sich eine schöne kleine Wohnung (»aber mit Balkon und begehbarem Kleiderschrank!« – wie könnte es auch anders sein?) kaufen und eine WG daraus machen, solange sie studiert. Was sie vermutlich eine ziemlich lange Zeit lang tun würde – denn sie wäre ja finanziell unabhängig. Und da sie so ein Organisationstalent ist, würde sie Hilfsorganisationen überall auf der Welt aufbauen und da natürlich auch viel Geld reinstecken. Sie erzählt mir, dass sie das Thema schon einmal mit Pareidolie, die in Tansania ist, besprochen hat. Wann denn das gewesen sei, frage ich da natürlich. Ich war davon ausgegangen, dass unser Kontakt zu Pareidolie zum Erliegen gekommen sei. Es sei schon vor ihrem FSJ gewesen. Ich bin enttäuscht – schade, dass nicht nur ich wirklich null Kontakt zu einer meiner besten Freundinnen habe. Auf jeden Fall war Pareidolie wohl damals ähnlich wie Alice und ich der Ansicht, dass andere das Geld nötiger hätten als wir. Sie hätte wohl den Großteil gespendet und für sich »nur« (wie ich ...) so viel Geld für sich behalten, dass sie erstens finanziell unabhängig genug wäre zu studieren, was sie wirklich will, und zweitens immer ganz viel reisen könnte. Sie wolle die ganze Welt sehen. Sie und ich, wir haben da ein nicht unverbreitetes Problem: Wir fragen uns immer wieder, was wichtiger ist, eine Arbeit, die man wirklich gerne macht, die aber dafür vielleicht brotlos ist, oder genügend Geld, um sich erstens keine Sorgen machen zu müssen und zweitens sich auch noch ein paar Reisen und Urlaube leisten zu können. Sie möchte Sport studieren, aber keine Lehrerin, Wissenschaftlerin oder Managerin werden. Sie wird es wohl trotzdem tun, aber es immer wieder hinterfragen, so wie ich sie kenne. Meine Studienfachwahl ist auch nicht die, mit der ich später zwangsweise viel Kohle mache. Also stellt sich wieder diese eine Frage: Sollen wir einen Beruf ergreifen, mit dem wir Geld machen oder einen, den wir wirklich lieben?

Ich finde, dass ein Zwischending ideal wäre: Ein Beruf, der Spaß macht, bei dem ich aber auch genügend Geld verdiene, um meinem Standard gerecht zu werden. Alles andere kann dann ein Hobby werden. Denn eigentlich leben wir doch nicht nur, um zu arbeiten. Ich frage mich immer, was diese Anwälte und Ärzte bewegt, die eine 80-Stunden-Woche haben. Sicher tun sie viel Gutes bei ihrer Arbeit, aber der Mensch an sich wurde doch nicht erschaffen – oder ist nicht entstanden, wie auch immer – um achtzig Stunden die Woche durchzupowern und das Gestresstsein zum Normalfall zu machen. Was im Leben wirklich zählt, ist doch das, was wir in unserer Freizeit erleben. Und um die gestalten zu können, brauchen wir nun mal leider immer etwas Geld. Deswegen sehe ich es nicht mehr als Schande an, einen Beruf nur wegen des Geldes wegen zu wählen. Vielleicht hat jemand einfach große Ziele, die nur mit viel Geld realisiert werden können. Warum sollte man nicht für so einen Wunsch Geld sammeln? Natürlich wäre dann wichtig, dass man diese Träume nicht aus den Augen verliert. Im kleinen Stil mache ich das auch: Germanistik interessiert mich zwar, aber es gäbe definitiv interessantere Begleitfächer für mich. Doch Germanistik öffnet Türen zu Berufen, die mich ansprechen und von denen ich leben könnte, falls ich später nichts anderes, Spannenderes finde. Ich habe also einen Plan A und einen Plan B. Hoffen wir mal, dass das genug Pläne sind!

Entscheidungen und Abschiede

Alice, die gerade eine kurze Redepause macht, um Luft zu holen, lächelt traurig. Sie vermisst unsere Freundin in Tansania sehr. Aber dann plappert sie weiter. Mittlerweile ist sie auch bereit, auszuziehen. Ihre Freunde aus ihrem Dorf sind jetzt fast alle ausgezogen und studieren irgendwo auf der Welt, und unter den Leitern der Jugendgruppen fühlt sie sich nicht mehr so wie früher. Sie meint, es wäre »jetzt Zeit für sie, zu gehen«. Und sie scheint sich irre auf ihr Studium zu freuen. Sie hat schon die Hälfte des Studiums durchgeplant. Wie typisch für sie! Es scheinen also alle ihren Weg zu gehen ... Gut zu wissen, dass das nicht nur so eine Redensart ist.

Es sind Entscheidungen, die unsere Wege bestimmen: Alice fühlt, dass es Zeit ist, zu gehen – sie entscheidet, jetzt nach vorne zu blicken, entscheidet sich dazu, sich von ihrem Heimatdorf zu lösen. Lars hat sich schon vor Langem dazu entschieden, zur Bundeswehr zu gehen, und ständig muss er sich aufs Neue entscheiden, ob er seine Entscheidung verteidigt oder andere über sich herziehen lässt. Unsere Freundin in Tansania steht vermutlich immer noch vor der Entscheidung, ob ihr Geld oder Arbeitsglück wichtiger ist – sie kann sich nicht entscheiden, findet keine Lösung. Im zweiten Weltkrieg hat mein Urgroßvater immer aufs Neue entscheiden müssen, in welche Stadt die Familie als Nächstes flüchtet. Hätte er sich einmal anders entschieden, gäbe es mich heute vielleicht gar nicht. Also wie fällen wir Entscheidungen? Mit Herz oder Kopf? Und was bewegt uns zu unseren Entscheidungen? Ich überlege mir immer, was am meisten Sinn macht, und dann schaue ich, ob ich diese Entscheidung auch mit meiner Moral vertreten kann. Unverhältnismäßig lang über eine noch nicht getroffene Entscheidung nachzudenken, halte ich für ziemlich übertrieben – am Ende können wir eh nicht wissen, was dabei herauskommt. Sagen wir zum Beispiel, im Restaurant überlegt sich Person X, ob sie Muscheln oder Fleisch essen soll. Dabei denkt X nur an das Geschmackserlebnis, wenn aber die Muscheln verdorben sind, landet sie am Ende mit einer Lebensmittelvergiftung im Krankenhaus. Könnte man im Leben immer alles vorhersehen, an alles denken, wäre das Leben doch langweilig, oder? Manchmal ist es ein komisches Gefühl, sich dessen bewusst zu sein, welch große Auswirkungen Entscheidungen haben können, ohne dass wir es wirklich beeinflussen oder steuern können. Ich entscheide mich jetzt, den Skype-Videochat zu unterbrechen und etwas zu essen (aber keine Muscheln).

Ein paar Tage später ist nur noch eine Woche Zeit bis zu meinem lang ersehnten Abflug geblieben. Mit Alice sitze ich vor meinem Reiseführer und einer Karte von Irland und überlege, wo ich denn als erstes hinsoll. Der Nachteil an meiner Art, so planlos zu reisen, ist, dass ich bis jetzt nicht allzu viel in meinem Reiseführer gelesen habe. Vermeiden möchte ich, zu sehr durchzuplanen. Wenn mir eine Sehenswürdigkeit entgeht, ist es eben so. Aber so gar keine Ahnung zu haben von den besonderen Orten ist auch irgendwie ein wenig blöd. An zwei Ortsnamen kann ich mich noch erinnern und beschließe, mich am Anfang an ihnen zu orientieren. Mal sehen, wohin mich mein Weg dann führt.

Zusammen mit Alice buche ich einen Zug vom Flughafen an den nun festgelegten Startpunkt. Es ist toll, endlich richtig loszulegen mit der Planung: Kaum ist der Zug gebucht, habe ich Lust, mir den Reiseführer vorzunehmen – und das tue ich auch. Überall, wo ich etwas Sehenswertes entdecke, malt Alice einen Punkt auf die Karte, und bald ist alles übersät mit Punkten in vier verschiedenen Farben. Als meine Mutter das sieht, flippt sie aus:»Oh mein Gott, malt ihr etwa die Karte an, Olga das geht nicht!« Sie arbeitet mit Büchern, und deshalb ist das für sie eine Art Sakrileg. Wir entweihen und verschandeln hier aus ihrer Sicht gerade ein Heiligtum. Das hier ist so ein klassischer Fall von»Mama-denkt-sie-könnte-bestimmen-wie-ich-mit-meinem-Kram-umgehe«. Das ging noch, als sie meine Sachen bezahlt hat, aber jetzt? Respekt vor allen, die es schaffen, ihre Eltern dazu zu erziehen, sich nicht so sehr einzumischen. Angst, dass mir langweilig werden könnte, muss ich nun nicht mehr haben, sondern eher, dass meine Mutter mein »unsäglich respektloses« Werk versteckt (oder komplett zerstört, um meine Missetat zu vernichten?) und ich mir eine neue, unberührte Karte kaufen muss.

📞 WhatsApp-Gruppe
»Freiburg-Berlin-Indien«

Ich: *Heute ist ein Weltwunder passiert!*

Alice: *Erzähl :D*

Ich: *Ich wurde ausgequetscht, was ich studieren will und so weiter, und es war NICHT nervig, sondern nur eine nette Unterhaltung!*

Lars: *Is nicht wahr!*

Ich: *Doch! Das war so angenehm, Leute, die einfach interessiert sind, aber nicht blöd drängen und etwas besonders Tolles erwarten* ☺

Lars: *Na ja, Islamwissenschaften ist ja schon nicht gerade 08/15 …*

Ich: *Aber was besonders Besonderes auch nicht.*

Alice: *Besser als ich, wenn ich »Erziehungswissenschaften« sage, denken immer alle, ich werde Erzieherin, und wenn dann der Zusatz »und im Nebenfach Philosophie« kommt, werd' ich gleich mitleidig angeschaut.*

Lars: *:D :D :D :D*

Ich: *Lach nicht, Lars, wenn du den Leuten dann später erzählst, dass du bei der Bundeswehr warst und »jetzt Politik studierst«, dann wirst du von allen gehuldigt und mit Bewunderung überhäuft.*

Lars: ☺ *Jedenfalls cool, dass es solche Unterhaltungen wie mit deinen Paten (?) anscheinend auch gibt.*

Wie das Jahr zu Ende ging

Gestern bin ich aus Irland zurückgekommen. Jeder macht ja nach dem Abi irgendeine Reise, ich eben nach Irland, und es war einfach toll. Alleine zu reisen war eine ganz neue Erfahrung für mich, und jeder, der sich selbst gut beschäftigen kann, sollte es auch einmal tun. Jedenfalls ist die Landschaft in Irland sogar noch viel schöner, als man hört. Es hat nicht einmal viel geregnet. Die Regenhose hatte ich wohl umsonst mitgenommen. Es gab viele wunderschöne Sonnenuntergänge. Delfine und Robben sind unter den Klippen um die Wette geschwommen, die Haie haben sich versteckt, genauso wie die Nordlichter, die ich – ziemlich peinlich – in der kürzesten Nacht des Jahres zu entdecken versuchte. Natürlich war die Aktion erfolglos, und dann zogen auch noch Wolken auf. Während ich also frierend an »Irelands most northerly Point« nach einer nicht vorhandenen Aurora Borealis Ausschau hielt, habe ich mich selbst bemitleidet, weil ich nicht mit Alice nach Tansania fahren konnte, um Pareidolie zu besuchen. So leicht ist es zu vergessen, was man hat, wenn man etwas noch Verlockenderes haben könnte. Deprimiert begebe ich mich auf den anderthalbstündigen Fußweg zu »Irelands most northerly Hostel« zurück. Ja, es gibt auch deprimierende Momente beim Reisen. Drei Pint Guinness trinken mein katalanischer Zimmernachbar und ich am nächsten Abend. Und schon ist die gute Laune wieder da. Bier ist teuer in Irland, und leisten konnte ich es mir nur, weil ich vorher so viel gearbeitet hatte – meine Reise war so viel entspannter als die der anderen Backpacker in den Hostels, weil alle ständig knapp bei Kasse waren. Also wenn es irgendwie möglich ist, empfehle ich, vor dem Reisen zumindest ein bisschen zu arbeiten.

Auf einen Reisebericht möchte ich an dieser Stelle verzichten, aber eine Sache muss ich noch ganz kurz loswerden: Leg Dir eine

Kreditkarte oder den Zugang zu einer Kreditkarte von jemand anderem zu (natürlich vorher fragen!!!), bevor Du abreist. Hostels, Hotels und Busse ohne Kreditkarte zu buchen ist außerhalb von Deutschland offenbar nicht üblich, und ich kann ganz genau die Verzweiflung der Kunden in der Bäckerei in Berlin nachfühlen, die ihnen ins Gesicht geschrieben stand wenn ich zum x-ten Mal »No Visa Card and no Mastercard« heruntergeleiert habe. Mehr als die Hälfte meiner kurzfristigen Buchungen habe ich über die Kreditkarte meiner Mutter abgewickelt, um ihr anschließend das Geld zu überweisen. Vielleicht hätte ich das ja auch wissen müssen – aber ich war überrascht.

Außerdem war der Plan, in Irland mein Handy so wenig wie möglich zu nutzen. Der Plan wurde von mir nicht durchgezogen. Handykind? Nein. Handykind, wenn alle meine Freunde in anderen Zeitzonen leben und im Hostel entweder niemand außer mir oder niemand Nettes ist? Ja. Ich habe sogar mein No-Go missachtet und Netflix auf meinem Handy installiert, als ich eine Woche lang ungelogen ganz alleine im Hostel war. Außer um Vampire Diaries noch mal zu schauen (Alice hat entdeckt, dass es doch nicht nur sechs, sondern acht Staffeln gibt, und ich konnte mich nicht mehr richtig an jeden Tod mit darauffolgender Wiederauferstehung erinnern) habe ich mein Handy zur Kontakt-Wiederaufnahme mit Pareidolie und Lars genutzt.

Telefondates statt Brieffreundschaften

Pareidolie hatte so viel zu erzählen, und so konnte ich stundenlang Sprachnachrichten anhören, die immer davon unterbrochen wurden, dass sie jemanden auf der Straße begrüßen musste, mit dem sie sich dann Ewigkeiten unterhalten hat und der mir dann noch einen Gruß nach Deutschland schickte. Die lustigste Nachricht endete ungefähr so (Pareidolie kam gerade in der Schule an und wurde von ihren alle durcheinanderredenden Schülerinnen, Fünftklässlern, begrüßt):

Pareidolie: »Do you want to say hi to my friend?«

Pause.

Schülerin: »No.«

Alle Kinder kriegen sich nicht mehr ein vor lauter lachen.

Jedenfalls war es so schön, endlich zu wissen, dass es Pareidolie ziemlich gut geht in Tansania und, dass wir trotz der langen Funkstille noch endlose Unterhaltungen führen können. Wir machen ein monatliches Telefondate aus, an jedem ersten Freitag im Monat steht ab jetzt also »Telefonieren mit Pareidolie« in meinem Kalender.

Lars hat erzählt, wie sehr er Deutschland vermisst, seine Freunde und Familie fehlen ihm, und offenbar hatte er mittlerweile, nach knapp zehn Monaten, angefangen, die Tage bis zu seinem Rückflug zu zählen. Mitte August kommt er zurück, und ich musste ihm versprechen, dann sofort am nächsten Tag mit ihm Eis essen zu gehen. Für mich und Alice (als Nicht-FSJler) ist das interessant, dass einer so unbedingt nach Hause möchte und die andere – Pareidolie – schon ihren Verlängerungsantrag eingereicht hat. Zu Alice hatte ich während der ganzen Zeit in Irland immer viel Kontakt, und auch jetzt noch – genau wie mit Pareidolie – haben wir seit ein paar Monaten regelmäßige Telefondates. Telefondates sind eine tolle Sache: Hast du mal eine Woche lang nicht mit deinen Freunden geschrieben, weißt du trotzdem, dass ihr ganz sicher an Tag X wieder voneinander hört.

Kommunikationsdruck rausnehmen!

Der Kommunikationsdruck, den vor allem WhatsApp irgendwie aufbaut, fällt weg: Dadurch, dass es über WhatsApp immer möglich ist zu schreiben, verabschieden wir uns nicht mehr. Wir schicken ständig kurze Satzbruchstücke hin und her und wissen deshalb auch nicht, wann wir das nächste Mal richtig von unseren Freunden hören. Und dann haben wir Angst, dass der Kontakt abbricht und verschicken zusätzlich unnötige GIFs und Fotos von unserem Essen an alle unsere Kontakte, weil wir einfach in den fünf Minuten, die seit dem Empfang der letzten Nachricht vergangen sind, nichts Spannendes erlebt haben. Trotzdem sieht der Sender der Nachricht von vor fünf Minuten die zwei blauen Häkchen und wird sauer, weil du ihn ja ganz offensichtlich bösartig ignorierst. Also: Foto vom Nutellaglas und ein Smiley mit Herzchenaugen abschicken!

Meine Brüder haben derweil Wohnungen gefunden. Wow! Ganz pragmatisch werden sie beide Ende August ausziehen, in ihre neuen WGs. »Dann können wir uns schon mal eingewöhnen, bevor die Ausbildung anfängt.« Vielleicht sollte ich ihnen das nachmachen. Wie die beiden so plötzlich Zimmer gefunden haben? Da sie in der Stadt bleiben, haben Freunde von ihren Freunden Freunde, die Freunde haben, die Mitbewohner suchen – und Freunde von Freunden von Freunden gehören ja praktisch noch zum Freundeskreis, also haben die auch Vorrang. Easy.

Die WGs waren sogar noch vor dem Hauptschulabschluss klargemacht, aber letzterer ist jetzt auch durch. Wer steht jetzt im Abschluss-Pulli am See? Es ist lustig, irgendwie sehe ich meine gleichaltrigen Brüder gerade einerseits aus der Perspektive einer älteren Schwester, die ihre Situation schon vor einem Jahr durchlebt hat. Gedanklich bin ich weiter entfernt vom Thema Schule als je zuvor (*ein Ort aus ferner Vergangenheit, ich erinnere mich noch, dort viel Zeit verbracht zu haben),* und andererseits genauso aufgeregt, weil wir schließlich alle im Sommer ausziehen und im Oktober diverse Weiterbildungen starten. Es macht so großen Spaß, nach meiner Reise mit den beiden über unsere Zukunft zu fantasieren und uns einfach drauf zu freuen! Unsere Eltern schauen uns dann an und gucken traurig und gleichzeitig voller freudiger Erwartung auf den Tag, an dem sie endlich das Haus für sich haben und sich keiner mehr weigert abzuspülen, weil er einfach zu faul ist. Allzu lange werden aber auch unsere Eltern nicht mehr im Haus wohnen, meine Stiefmutter hat mehr oder weniger zufällig ab diesem Oktober (alle im Oktober!) einen neuen Job, für den sie umziehen muss. Dann werden sie wieder im Chaos versinken, besonders ordentlich sind mein Vater und meine Stiefmutter nämlich auch nicht. Die neue Stadt wird nicht weit weg sein, eine Viertelstunde bis zwanzig Minuten mit dem Auto entfernt. Ich vermute ja, dass sie sich dieses Jahr so besonders um die neue Stelle bemüht hat aus Angst davor, sich ohne drei aufmüpfige Jugendliche im Haus zu langweilen. Sie »leidet« also unter frühzeitigem Empty-Nest-Syndrom.

Empty-Nest-Syndrom: nicht aus der Welt

Die nächsten Zeilen sind jetzt also für alle Eltern, die das hier lesen, weil eines oder das jüngste ihrer Kinder gerade auszieht. Trotzdem bin ich bestimmt kein Ratgeber und habe auch keine besonderen Tipps, klarkommen müsst ihr damit also ohne mich. Trotzdem habe ich mal gegoogelt: »Wenn das Kind auszieht«. Es gibt ganze Bücher darüber, Anleitungen, wie man nicht depressiv wird (aber mal ehrlich, wieso depressiv werden, nur weil jemand auszieht, der nur an Mamas Geburtstag mal die Spülmaschine ausgeräumt hat, immer überall alles einfach hingeworfen und nie wieder vom Fußboden aufgesammelt hat und mit dem über alles gestritten wurde? Jetzt könnt Ihr endlich aufstehen, ohne Frühstück für Euer Kind herrichten zu »müssen«, könnt abends Essen gehen, weil keiner jammert, wenn um halb acht immer noch kein leckeres, warmes Abendessen auf dem Tisch steht, und müsst nie wieder auf einen Elternabend, auf dem es von genervten Eltern und Lehrern nur so wimmelt!) – und es gibt sogar Selbsthilfegruppen für Empty-Nest-Eltern. Eure Kinder wissen, dass es dieses Syndrom gibt, und kümmern sich jetzt vielleicht um euch, genießt das doch einfach! Stellt euch mal vor, wie das wäre, wenn ihr bald ein Päckchen geschickt bekommt mit Grüßen und Küssen zum Vater- oder Muttertag anstatt nur einen Gutschein für einen selbstgebackenen *(pssst: misslungenen)* Kuchen! Neulich war ich mit meiner Mutter auf dem Geburtstag einer ihrer Freundinnen. Diese hatte von ihrem ältesten Sohn Blumen geschickt bekommen, mit einer schönen Karte! Und wenn all das nicht hilft, kommt Euer Kind bestimmt irgendwann an und will etwas von Euch: Hilfe bei irgendeinem Antrag oder Behördenproblem. Dann habt Ihr wieder eine Elternaufgabe, von der Ihr bestimmt bald die Nase voll habt, denn wer füllt schon gerne Formulare aus oder wäscht Rotweinflecken aus weißen T-Shirts, weil Kind nicht weiß, wie es geht? Eine andere tolle Elternaufgabe wäre eine, die ich meiner Tante aufgebürdet habe, als ich im April von Berlin weggezogen bin: meinen Führerschein abzuholen! Sie, ein Engel!, saß stundenlang für mich in der »LABO Fahrerlaubnisbehörde« (keine Ahnung wofür diese Abkürzung steht, ehrlich!) in Berlin, weil sie, selbst um meinen Führerschein abzuholen, eine Wartenummer ziehen musste. Sie hat sich echt ein von mir spendiertes Abendessen verdient. Jedenfalls hat mir meine Tante also ein Foto von ihrer Errungenschaft geschickt, als ich gerade gemütlich am Strand lag. Wie gut, dass ich zu meinem Auszug diverse Vollmachten geschrieben hatte – sonst hätte ich meinen Urlaub wegen dem blöden Führerschein unterbrechen müssen.

Während Ihr Eltern Euch also die Augen ausheult, weil Eure Kinder bald – oder vielleicht auch schon – weg sind, freuen wir uns immer mehr auf die Uni, die Ausbildung, das FSJ oder den BFD, den wir bald anfangen: Der Moment der Wahrheit rückt immer näher, der Moment der Antwortbriefe auf unsere Bewerbungen, der Moment der Supermegaoberfreude oder der Moment der »Mann-warum-nimmt-mich-keiner-Enttäuschung«. Ersterer ist toll. Man sieht es den Leuten an, wenn sie angenommen wurden, wo sie sich beworben haben – die haben dann immer so ein penetrantes Grinsen im Gesicht, und selbst wenn sie versuchen, es aus Solidarität gegenüber ihrem vielleicht nicht ganz so gut gelaunten Mitbewerber zu unterdrücken, sucht sich das Grinsen seinen Weg durch trotzdem lächelnde Augen ans Tageslicht.

Die »Mann-warum-nimmt-mich-keiner-Enttäuschung« ist dahingegen gar nicht toll, die ist scheiße. Sowohl für den direkt Betroffenen als auch für den indirekt Betroffenen, der sich um den direkt Betroffenen kümmern muss. Die Rolle des Kümmerers übernehmt dann natürlich meist Ihr Eltern. Ihr habt zwar vielleicht bald ein leeres Nest, aber gebraucht werdet Ihr trotzdem noch.

Irgendwann während meiner Reise, es muss so Mitte Juli gewesen sein (ich erinnere mich nicht mal an das Datum, so wichtig ist mir der Tag also im Nachhinein – mein ein Jahr jüngeres Selbst würde mich umbringen), schrieb mir meine Mutter eine von diesen viel zu langen Erwachsenen-WhatsApp-Nachrichten (die mit der förmlichen Anrede »Liebe/r ...« anfangen und mit den Worten »Ganz liebe Grüße, dein/e ...« ein prosaisches Ende finden). Es ging darum, dass an diesem Tag meine Abschlusszeugnisverleihung genau ein Jahr her war. Fühlte sich nicht so an, ich hätte es ohne den Hinweis meiner Mutter sogar vergessen. Mama war melancholisch, meine Antwort auf ihre mühe- und liebevolle Nachricht war: »Ach, echt?« Im Bett habe ich dann natürlich trotzdem wieder an den Tag der Zeugnisverleihung gedacht. Schon ein ganzes Jahr sollte seitdem vergangen sein? Es kam mir nicht so vor, es fühlte und fühlt sich immer noch so an, als verginge die Zeit wie im Flug. Aber das ist ja wohl immer so: Je mehr passiert, desto schneller vergeht die Zeit.

Auf meiner schnelllebigen Reise habe ich auch irgendwann Janusch getroffen. Janusch aus Polen, der Indienwissenschaften und Linguistik studiert hat. Janusch aus Polen, der jetzt in Dublin für Facebook arbeitet und da fett Kohle macht. Janusch aus Polen, der der Erste ist, der mir zeigt, dass meine Fächerkombination an der Uni nicht unbedingt schlecht ist. Indienwissenschaften und Linguistik ist schließlich ziemlich ähnlich wie Islamwissenschaften und Germanistik. Und damit kann man offensichtlich super bei großen Internetkonzernen mitverantwortlich sein für die Sicherheit der Plattformnutzer. Nur um das klarzustellen: Ich würde nie, *nie*, *nie!* im Leben für Facebook oder Konsorten arbeiten. Das Beispiel dient nur der Veranschaulichung dessen, dass es offenbar entgegen allen Behauptungen von Außenstehenden doch möglich ist, viel Geld zu verdienen mit meiner oder einer ähnlichen Fächerkombi. Ob man unbedingt viel Geld verdienen möchte, anstatt Spaß bei der Arbeit, die man liebt, zu haben, ist dabei ein anderes Thema. Jedenfalls verbesserte Janusch aus Polen, mit dem ich mir den beeindruckenden Giant's Causeway (da wurden übrigens auch Szenen von »Game of Thrones« oder so gedreht) angeschaut habe, meine Laune beträchtlich. *Danke, Janusch aus Polen!*

Zweiter Teil:
Auf zur Uni!

10. Zurück ins echte Leben

Achtung, kleiner Zeitsprung – nicht verwirrt sein, bitte! An meinem letzten Abend in Irland saß ich also im Sechzehner-Zimmer unten im Doppelstockbett mit krummem Rücken, weil nicht genug Platz war, um mich aufzusetzen. Einer meiner »Roommates« hat geschnarcht, was mich immer durchdrehen lässt. Anstatt zu schlafen, habe ich deshalb im Internet nach WG-Zimmern in Heidelberg gesucht, zuerst einfach nur zum Spaß. Dann war ich plötzlich auf *wg-gesucht.de* und wurde von sehr schönen Altbauzimmern verzaubert: Bezahlbar und gar nicht mal so weit von der Altstadt entfernt. Also habe ich die ganze Nacht lang Anfragen geschickt, an alle, die auch Erstsemester nehmen würden. Bei vielen Anzeigen stand der Zusatz »keine Erstis«, so die gängige erstsemesterfeindliche Alterseinschränkung. Davon habe ich übrigens auch schon von anderen gehört, auch wenn das meines Erachtens ziemlich unfair ist – jeder Student, der ein Zimmer vermietet, war schließlich selbst mal im ersten Semester! Jedenfalls bin ich ein bisschen beleidigt, dass mir vor einem Jahr alle erzählt haben, wie unendlich schwer es ist, bezahlbare Zimmer zu finden: Gut, ich kenne die Anzeigensteller noch nicht und habe auch keine Ahnung, ob eine der WGs mich nimmt – trotzdem gibt es sie anscheinend, die bezahlbaren, schönen und gut gelegenen Zimmer.

Ab nach Hause

Das Flugzeug setzt auf dem Rollfeld auf, die Bremsklappen an den Flügeln klappen auf und kurz darauf werden die Räder mit verblüffender Präzision auf diesen schmalen Streifen, der wohl als Einparkhilfe dient, rangiert. Mein Platz ist weit hinten (also nah an einer Tür) und ich habe kein Handgepäck – was bedeutet, dass die Drängelei im Bauch des Flugzeuges für mich ziemlich schnell vorbei ist. Was mir gelegen kommt, weil mein Bus nach Hause in genau ... 35 Minuten abfährt. Und hier in Deutschland (beziehungsweise der Schweiz beziehungsweise Frankreich – der Flughafen Basel / Mulhouse / Freiburg ist echt irre) halten die Flughafenbusse ja meistens ziemlich korrekt ihre Fahrpläne ein – der übernächste Bus fährt dann erst in drei Stunden. Also los, alle anderen Passagiere überholen, auf zur Ausweiskontrolle. Schlange. Wie viel Zeit bleibt noch? 25 Minuten. Immer noch in der Schlange, wie viel Zeit hab ich jetzt, bis der Bus fährt? 24 Minuten. Und jetzt? 22. *Mann, vergeht die Zeit schnell!* Fünf Minuten später, also nur noch siebzehn Minuten vor Abfahrt des Busses bin ich endlich durch die Kontrolle, auf zum Gepäckband! Das läuft gerade an, und – *halleluja* – mein Rucksack ist das fünfte Gepäckstück, das hätten wir also auch. Alle, die schon mal an diesem Flughafen gelandet sind und vorher vergessen hatten, sich zu informieren, ob sie denn nun in der Schweiz oder in Frankreich das Gebäude verlassen müssen, wissen ganz genau, wie ich mich gerade fühle. Denn einmal auf der falschen Seite raus, kommst du nicht so schnell auf die andere Seite. Eigentlich gar nicht. Klar, das liegt am Zoll und den EU-Schweiz-Sicherheitsvorkehrungen ... Aber ein bisschen unpraktisch ist das schon. Da ich aber meine, mich vage daran zu erinnern, dass die FlixBusse nach Deutschland meistens nicht aus der Schweiz kommen, mache ich mich auf den Weg nach Frankreich. Treffer. In zehn Minuten fährt der Bus. Na wer sagt's denn, innerhalb von 35 Minuten vom Flugzeug zum Flughafenausgang zu kommen ist ein Kinderspiel! *Nein, eigentlich nicht, es ist ziemlich anstrengend, und ich habe Seitenstechen.*

Es wird ernst: WG-Casting

Zu Hause schaue ich in meine Mails. Ein Zimmer im Studentenwohnheim ist frei geworden, und auf der Warteliste bin ich nachgerückt! Jippppiiiieeeee! Das Zimmer ist zwar teuer, aber immerhin kann ich jetzt gaaaaanz entspannt nach einem Besseren suchen, bis ich dem Wohnheim zu- oder absagen muss. Das mache ich mir zur Aufgabe, um mich davon abzulenken, dass ich nicht mehr reise, sondern wieder im altbekannten Zuhause bin. Wo sonst nur Alice und meine Mutter sind, alle anderen sind noch irgendwo in der Welt verstreut. Und die Ablenkung funktioniert, ich bin völlig enthusiastisch dabei, weitere WG-Anfragen zu verschicken. Endlich geht es wieder richtig los, endlich beginnt ein neuer Abschnitt. Ich finde, dass das englische Wort »*excited*« viel passender das Gefühl der Vorfreude beschreibt als das deutsche »aufgeregt«. Klingt irgendwie besser. Also, obwohl ich eigentlich ungerne englische Wörter in deutschen Sätzen nutze: Ich bin *excited*, und so zu einem dieser Menschen mutiert, die Sätze sagen würden wie »Lass uns doch zum *supermarket driven*, um Äpfel und Bananen zu kaufen – obwohl, Obst ist eigentlich *overrated*, wären *sweets* auch okay?«. Hilft mir einer, mir das wieder abzugewöhnen? Bitte? Vielleicht einer von den potenziellen zukünftigen Mitbewohnern, die mich mittlerweile zum WG-Casting eingeladen haben? Das haben jetzt nämlich ein paar getan, und nächste Woche muss ich zweimal nach Heidelberg fahren, weil nicht alle Besichtigungen am selben Tag stattfinden. War ja auch nicht zu erwarten.

In meinem *excitement* suche ich mir gleich bei BlaBlaCar Fahrten raus. Versuche, sie zu buchen. *Guess what?* Der Bestätigungscode, der bei der ersten Buchung angegeben werden muss und per SMS zugestellt werden soll, kommt nicht an. Auch nicht nach dem knapp zehnten Mal: »SMS nicht erhalten? Erneut senden.« Dann eben wieder FlixBus, selber schuld, BlaBlaCar. In Heidelberg angekommen, hetze ich vom Busbahnhof zum Hauptbahnhof zur nächsten Bushaltestelle zum S-Bahnhof und so weiter. Zeitmanagement – das hätte mir jemand in der Schule beibringen sollen, anstatt mir einen durchgetakteten Stundenplan vorzulegen – zur Lektion »Zeitmanagement« hätte dann auch gleich gehören können, Zeit mit einzurechnen, die drauf geht, wenn man sich mit etwas oder an einem Ort definitiv nicht auskennt. Zum Glück stört es die meisten jungen Leute nicht, wenn Besuch ein bisschen zu spät kommt ... Vor allem, wenn sie eh zu Hause sitzen und in der Wartezeit noch eine Folge der neuesten Serie schauen können. Eine halbe Stunde zu spät, bei jeder der drei Besichtigungen. Applaus, Applaus, für meinen Orientierungssinn.

WG-Besichtigungen oder Castings oder wie auch immer man es nennen möchte – sind komische Gegebenheiten. Es ist immer schräg, wenn das Objekt der Begierde (das WG-Zimmer) sich nicht in einer Zweck-WG befindet. Ich habe zwar noch nie Speed-Dating gemacht, aber die Treffen mit meinen potenziellen zukünftigen Mitbewohnern laufen genauso ab, wie ich mir Speed-Dating vorstelle: Man sitzt sich gegenüber und versucht, so schnell wie möglich herauszufinden, ob aus ein bisschen Small Talk eine (beste) Freundschaft entstehen könnte. Es geht also eigentlich nicht darum, sich die Wohnung anzusehen, sondern darum, beurteilt zu werden auf einer Skala von »gar nicht wie wir« bis zu »könnte echt nett sein mit ihr«. Und alle sind sich dessen bewusst. Wie gesagt – schräg. Hier also meine drei unvergesslichen WG-Castings:

Der versteckte Mitbewohner

Als erstes führt mich mein Weg in ein Kaff ein bisschen außerhalb, in dem anscheinend im Winter nicht geräumt wird (»Kein Winterdienst: Betreten auf eigene Gefahr!«). Ob da wohl noch Busse fahren, wenn mal viel Schnee liegt? Es geht um eine (wahrscheinlich aufgrund der Lage) günstige Dreier-WG, in der zwei Zimmer frei sind. Die Hauptmieterin wirkte sehr nett, als wir miteinander geschrieben haben. Nur die Hausnummer, die hatte sie mir nicht verraten wollen. Was mache ich, nachdem sie nicht ans Telefon geht? Keine Frage, da ich nun sowieso schon mal da bin, suche ich alle Klingelschilder in der Straße nach ihrem Namen ab. Den hatte sie mir wenigstens vorher verraten. Irgendwann finde ich das Haus, ziemlich heruntergekommen wirkt es von außen. Klingeln, erste Begrüßung – sieht ganz anders aus, als ich es mir vorgestellt hatte. Der Garten ist verwildert, aber toll, und die Wohnung ist auch verdammt schön. Es gibt keine Heizung, dafür aber eine Waschmaschine in der Garage, wo die Tür klemmt. Wer denn wohl das dritte Zimmer bekommen würde? Sie lacht. »Ja, den hab ich irgendwo hier versteckt.« Wie bitte? Sie findet ihn nicht wieder, den dritten Mitbewohner, in der sechzig Quadratmeter großen Wohnung. Sollte ich mir Gedanken machen?

Die »echten« Naturwissenschaftler

Als Nächstes geht es mit voller Verspätung in die Nähe vom Mathecampus, wie ich ihn immer noch nenne. Die Lage ist toll, zwischen lauter Obstplantagen und Gewächshäusern, aber nah an der Stadtmitte. Das Zimmer mit begehbarem Kleiderschrank ist im Tiefparterre, ganz ohne Fenster. Einen richtigen Flur gibt es nicht. Für die Küche gilt das Gleiche. Dann sitze ich einem Physiker und einer Mikrochemikerin (glaube ich) gegenüber, auf der Wiese, im Garten, weil es ja weder Flur noch Küche noch Wohnzimmer gibt. Die Namen der beiden klingen fast gleich, so ähnlich wie Julie und Julje. Das Lachen muss ich mir ein bisschen verkneifen, als die beiden darüber diskutieren, dass es ja unmöglich ist, wenn Medizinstudenten im Kittel über den Campus laufen. Und nicht mal Mathe haben sie – eigentlich ist ein Medizinstudium also überhaupt gar nicht wirklich wissenschaftlich. Ich weiß nicht so richtig, was ich sagen soll. Julje meint grundsätzlich, dass sie mit nichts gut umgehen kann, was größer ist als eine Zelle (»aber Gärtnern, das kann ich gut«) – wie schön. Julie erzählt dann, dass ich eingeladen wurde, weil die beiden denken, dass ein Geisteswissenschaftler vielleicht eine Bereicherung für WG-interne Diskussionen sein könnte. Die Diskussionen über irgendwelche physikalischen Rechenzentren in der Schweiz, von denen ich noch nie, nie, nie in meinem Leben gehört habe? (Was übrigens bestürzte Blicke hervorruft, als würde ich etwas Wesentliches im Leben verpassen. Vielleicht ist dem ja auch so. Ganz vielleicht.)

Ohne Wohnungsschlüssel

Und jetzt, am frühen Nachmittag, geht es zur letzten WG. Eine Zweier-WG mit einem verpeilten Geschichts- und Philosophiestudenten, der bereits im vierten Semester weiß, dass er die zwei ersten Semester aus irgendeinem Grund umsonst studiert hat. Jedenfalls erfahre ich das sowieso erst später, weil er beim Öffnen der Haustür die Wohnungstür zufallen lässt und uns somit aussperrt. Weswegen wir uns auf dem Balkon der Nachbarin unterhalten, um wenigstens kurz unser Speed-Date zu haben. Er empfiehlt mir aber, nicht einzuziehen, weil ich ja jetzt die Wohnung nicht einmal gesehen habe und es teilweise wohl nicht so cool ist, da zu wohnen.

Kaum wieder zu Hause angekommen, bekomme ich eine SMS. Der Bestätigungscode von BlaBlaCar! Coooooool. Oh Mann – ein klein bisschen verzögert, oder? Jedenfalls klappt die Eingabe des Codes sogar gleich beim ersten Versuch, und ich versuche naiv motiviert, eine weitere Fahrt nach Heidelberg zu buchen: »[…]Kreditkarte oder Mastercard […]«. Irgendwie ist es doch schön, dass die Lehrer in der Schule einen wenigstens glauben lassen, dass alles schon irgendwie halbwegs unkompliziert funktionieren wird, es gibt immer irgendeine Lösung in der Schule, irgendwer hilft einem armen Schüler immer, eine Frist oder die Zahlungsart für die Fahrt ins Landschulheim zu ändern. Im echten Leben heißt »Kreditkarte« auch Kreditkarte, und wenn du keine hast, hast du eben Pech gehabt. Diese spezielle Lektion bekommt der durchschnittliche kreditkartenlose Mensch im Leben wohl sehr, also wirklich sehr häufig erteilt. Also verschwinden meine Anmeldedaten für Bla Bla Car wieder aus meinem Gedächtnis – die Verabredung mit Mama und ihrer Kreditkarte galt erst mal nur für meine Reise. Vielleicht sollte ich mir angewöhnen, Accounts tatsächlich zu löschen, anstatt sie nur einfach nicht mehr zu nutzen (mein E-Mail-Spam-Ordner beschwert sich regelmäßig über diese Angewohnheit).

Die zweite Fahrt nach Heidelberg fällt dann aber sowieso aus, weil die WG, die ich noch anschauen wollte, mittlerweile den perfekten neuen Mitbewohner gefunden hat. *Vielen Dank für eure Info, und herzlichen Glückwunsch!*

(Keine) Hobbys

Bei jedem einzelnen Casting wurde ich nach meinen Hobbys ausgefragt. Und nach Sport. Aber wie viele Hobbys lassen sich im Ausland regelmäßig und aktiv verfolgen? Zeichnen, lesen, vielleicht noch klettern oder so. Aber wer zum Beispiel fünfmal die Woche Fußball gespielt hat während der Schulzeit – der hatte während seiner Reisen vermutlich gar kein anderes Hobby als zu reisen. Klar, ich würde die Frage auch stellen. Aber seltsam ist es trotzdem, dann vor Leuten zu sitzen, bei denen du eigentlich Eindruck hinterlassen solltest ... Und ihnen dann zu erzählen, was du alles mal gemacht, aber womit du im letzten Jahr aufgehört hast. Für alle weiteren derartigen Treffen werde ich mir für diesen Gesprächspunkt noch was einfallen lassen müssen – und das rate ich auch allen anderen, die im letzten Jahr aus welchen Gründen auch immer mit den meisten ihrer Hobbys aufgehört oder eine Pause eingelegt haben. Vermutlich wirkte ich ziemlich unentschlossen und wie jemand, der immer nur redet, aber nie etwas anpackt: »Das und das und jenes habe ich gemacht, aber hiermit und damit habe ich aufgehört und schaue mal, ob ich sie hier wieder aufnehme oder doch lieber dieses oder jenes ausprobiere.« *Immer optimistisch bleiben, Olga – aus Fehlern lernt man!*

Generell ist es doch aber so, dass für die meisten Jugendlichen und jungen Erwachsenen die Anzahl der Hobbys irgendeine Art Qualitätsmerkmal darstellt. Oder war das nur bei mir in der Schule schon immer so? Jedenfalls habe ich immer so viele Dinge wie möglich aufgezählt, die ich gerne mag, um irgendwie mit den mich danach Fragenden mithalten zu können. Das waren nämlich natürlich immer diejenigen, die eine unendlich lange Liste an Freizeitaktivitäten aufzuweisen hatten: »Ich spiele Klavier, seit ich drei bin, turne zweimal die Woche, tanze (aber nur Hip-Hop, Modern und Ballett), mache ab und zu diverse coole Workshops am

Wochenende. Mit meiner besten Freundin gehe ich einmal die Woche reiten und natürlich Joggen. Jedes dritte Wochenende habe ich Aufführungen und Konzerte, und ab und zu gebe ich Nachhilfe, weil ich trotz allem in der Schule ein Überflieger bin.« Jeder kennt sie, oder? Und so manch einer kann sie nicht ausstehen, weil diese Leute einfach zu toll sind, zu makellos. Ich persönlich bewundere dieses Durchhaltevermögen und frage mich ständig, ob diese Menschen überhaupt irgendwann einmal schlafen oder nicht doch von einem anderen Planeten kommen.

Das Thema »Entschleunigen«

Andererseits frage ich mich, ob es nicht auch mal gut sein kann, einen einzigen Tag (und sei es auch nur einer im Monat) einmal keine Termine zu haben. Mal zu entspannen und sich nicht mit irgendetwas zu beschäftigen außer sich selbst, damit, wie es einem geht, zum Beispiel. Es kann doch nicht gesund sein, so etwas nie zu tun? Vielleicht verstehe ich es auch einfach nicht, vielleicht ist das Typsache – oder vielleicht wäre es förderlich gewesen, wenn wir in der Schule auch mal beigebracht bekommen hätten, einfach gar nichts zu tun. Nichts zu tun und uns damit zu beschäftigen, was wir uns wünschen oder wer wir sind, anstatt immer nur ein weiteres Hobby anzufangen, weil Untätigkeit das Schlimmste überhaupt sei. Untätigkeit ist doch nicht gleich Faulheit. Für mich sind die ruhigeren, bedachteren Momente in der Woche wie der langsamere Part in einem Song: Ohne einen zumindest etwas langsameren Part im Song (zum Beispiel am Anfang oder Ende) ist das ganze Stück hektisch und stressig, unnatürlich. Und ja, bis zur achten Klasse haben wir ab und zu Gedankenreisen in der Schule gemacht, dabei lagen wir auch nur mit geschlossenen Augen auf unseren Tischen und haben dem Lehrer zugehört. Aber richtig gelernt, uns mal auf uns selbst zu besinnen, haben wir nicht. Das danken die Burn-Out-Kandidaten aus meiner Stufe Euch bestimmt, liebe Lehrer. Nur weil das Bildungsministerium sagt, Ihr sollt uns zu noch mehr Aktivitäten animieren, heißt das nicht, dass Ihr uns nicht beibringen dürft, mal nichts zu tun. So wie Ihr, wenn Ihr eigentlich unsere seit drei Wochen auf euren Tischen liegenden Klassenarbeiten korrigieren solltet.

Und von wegen Sport: Ich glaube sowieso fest daran, dass reisen viel gesünder ist als ständig durch die Gegend zu rennen oder Gewichte zu stemmen: Beim Reisen bewegt man sich doch auch, vor allem beim »Backpacking« (Rucksackreisen), man hebt und trägt den Rucksack und bewegt sich meistens viel. Und der Seele tut es gut, mal nicht zu Hause zu sein, sondern ein paar Abenteuer zu erleben. Vielleicht lässt es sich ja machen, vom Arzt für Dauerurlaub ein Attest zu bekommen, gleich mit den Reisekosten von der Krankenkasse übernommen. Das wär ja mal cool.

Arbeiten oder reisen?

Eigentlich war der Plan, jetzt im August noch einmal arbeiten zu gehen. Nur ein bisschen, aber irgendwie gibt es einfach genug andere Dinge zu tun. Deswegen ist es einfach nicht machbar, lange genug in einer Stadt zu sein, um dort wirklich zu arbeiten (*das ist natürlich keine Ausrede für meine Faulheit ...*). Aber ich kann zum Beispiel mit Alice noch ein bisschen auf dem Jakobsweg laufen, für zehn Tage zum Beispiel.

Und genau diese eher kurze Reise treten wir jetzt auch direkt an: Im Elsass geht es los, fast bis nach Dijon werden wir gehen. Mit ihrem nagelneuen Führerschein und ihrer Mutter auf dem Beifahrersitz fährt Alice im VW-Bus nach Frankreich. Das dauert nicht länger als eine Dreiviertelstunde, aber aufregend ist es schon: Immer dann, wenn wir wieder fast gegen die Leitplanke fahren. Den VW-Bus fährt Alices Mutter dann wieder zurück nach Hause.

Am ersten Tag sind es nur knapp zehn Kilometer zu laufen, aber wir brauchen ewig. Seit Jahren wollten Alice, Pareidolie und ich mal zusammen verreisen. Das ist jetzt das erste Mal, dass es so halbwegs klappt (halbwegs, weil immerhin eine von dreien fehlt). Jedenfalls war unsere Reiseplanung für den Arsch – am ersten Abend finden wir heraus, dass das mit den Unterkünften etwas schwierig werden dürfte, sofern wir nicht in Châteaus übernachten und dort pro Person und Nacht 150 Euro hinlegen möchten. Na toll, dann eben irgendwann mal draußen pennen, wenn es gar nicht anders geht. *Geht doch*, merken wir, es klappt alles wunderbar!

Nach fünf Tagen gehen wir uns gegenseitig auf den Keks, streiten uns über die richtige Route und jeden Kleinkram.

Hoffentlich kommt beim nächsten Urlaub Pareidolie mit, um unsere Kabbeleien zu schlichten. Das war also meine Erfahrung zum Thema »zu zweit verreisen«. Mein Fazit lautet: *Schön! Aber auch verdammt anstrengend – und bloß nie im Leben mehr als zehn Nächte hintereinander mit einer Freundin Bad, Zimmer und Bett teilen!*

Erfolge und eine schreckliche Verwandlung

Jeden Abend schaut Alice nach ihrem Bewerbungsstatus an den verschiedenen Universitäten, an denen sie sich beworben hat. Sie steht bei zwei Unis auf Warteplatz vier- oder fünfhundertundsonstwieviel. Dann kommt die Nachricht, dass sie in Kiel angenommen wurde. Sie freut sich unendlich! Und ich freue mich für sie.

Ihr Freund freut sich erst recht, er studiert eben auch dort. Das muss so schön sein, so eine Erleichterung! Ob sie wohl zusammenziehen werden, frage ich. »Bloß nicht!« Alles klar, das kam schnell. Und offenbar stimmen die beiden darin überein.

Kaum zurück aus Frankreich und nach ein paar bewegungsarmen Tagen vermisse ich das Reisen. In Irland habe ich drei Monate lang jeden Tag mindestens ein Dutzend Kilometer zu Fuß zurückgelegt, und so schwer das im ersten Moment zu glauben ist – es fehlt mir wirklich. Ich bin hibbelig und aufgekratzt, aber zu Hause alleine spazieren zu gehen ist seltsam. Da denke ich immer gleich an alles, was gerade sonst so Spaßiges zur Alternative steht. Erinnerst Du Dich noch an den ersten Absatz im Buch, in dem steht, dass ich Sport nur mache, wenn ich wirklich gar nichts Besseres zu tun habe? Den kannst Du wieder vergessen: Nach der Jakobsweg-Aktion haben meine Laufsachen seit Langem mal wieder ihren Weg aus der hintersten Ecke des Kleiderschranks gefunden und werden jetzt fast jeden Tag gebraucht. Vielleicht sollte ich mal versuchen, mit der Krankenkasse zu reden: Wenn sie mir meine Flugtickets für Irland im Nachhinein bezahlen und ich im Gegenzug dafür öfter joggen gehe, müssen sie mir später vielleicht keine Rückengymnastik zahlen, weil ich mich im Leben zu wenig bewegt habe. Ich meine, immerhin zahlt meine Krankenkasse sogar eine gewisse Anzahl Yogastunden pro Jahr, das hat meine Mutter gerade entdeckt. Wer weiß schon, was die noch so alles zahlen.

An dem Wochenende direkt nach unserer Wanderung (Alice war nach fünf Tagen fest davon überzeugt, dass unsere Beinmuskulatur deutlich sichtbar gewachsen sei) bin ich auf einen Geburtstag eingeladen. Dort sind auch viele Jüngere, es ist die Fete der kleinen Schwester einer Freundin. Und jetzt, wo meine engsten Freunde fast alle einen festen Plan für Ausbildung, Studium oder sonst etwas haben, ertappe ich mich immer häufiger dabei, wie ich den etwas Jüngeren diese eine, blöde Frage stelle: »Und, hast du schon Pläne für nächstes Jahr?« Sie haben gerade alle Abi gemacht. *Böse*, Olga, *böse* – wie kannst du nur? Ich versuche, mir die Frage so gut es geht zu verkneifen, aber es ist einfach so spannend, was die alle vorhaben! Es ist wie in dem Lied »Kompass ohne Norden« von Prinz Pi – aus meiner Stufe sind die Ersten was geworden und bestimmt auch schon Eltern. Ich habe nicht besonders viel Kontakt zu meinen Tübinger Mitschülern, weiß aber, dass einer aus der Stufe mit seinem besten Freund ein Start-up-Unternehmen gegründet hat. Sie vertreiben selbst gestaltbare Designerlampen, indem sie einfach das Projekt aus dem Seminarkurs (einen zusätzlichen Kurs in der elften Klasse zur Umgehung des mündlichen Abis) realisiert haben. Ich weiß nicht, wie erfolgreich die Firma ist, aber darauf kommt es eigentlich nicht einmal an. Es kommt darauf an, es auszuprobieren, sich zu trauen, zu machen. Andere haben ihre ersten großen Ausstellungen und Kunstverkäufe hinter sich und rutschen so in Netzwerke. Dadurch, sich zu trauen, entstehen Chancen. Das heißt nicht, dass ich finde, jeder frisch gebackene Abiturient sollte in irgendein tolles Business einsteigen, bloß nicht falsch verstehen. Aber Pläne dieser Art sind einfach spannender für Außenstehende als genauso tolle Reisepläne. Wenn ich erzähle, dass ich gearbeitet habe und dann in ein einziges, europäisches Land gereist bin, sind auch alle gelangweilt. Mir egal, ich fand es toll und hab genauso viel dabei gelernt wie jeder andere. Zum Beispiel, wie unglaublich viele unglaublich verschiedene Menschen und Lebensweisen es gibt. Allein deswegen ist es spannend, die Leute zu fragen, was sie so machen in ihrem Leben. Und würde ich nicht fragen, würde das doch von Desinteresse zeugen, oder? Allmählich bekomme ich ein Verständnis für die damaligen Nachfragen meiner Eltern, Tanten, Onkel etc.: *Tut mir leid, dass ich vor einem Jahr immer so genervt auf eure Fragen reagiert habe!* Trotzdem, ich zwinge mich für den restlichen Abend, mir diese Frage zu verkneifen. Aber ich merke, wie leicht es ist, Standpunkte zu wechseln.

Die Kindergeldstelle

Irgendwann schreibt mir mein Vater, dass das mit dem Kindergeld jetzt tatsächlich geklappt hat. Zwischendurch hatte ich der Kindergeldstelle noch den Beweis dafür geschickt, dass ich mich in Heidelberg eingeschrieben habe – vermutlich hätten wir sonst immer noch keine Antwort bekommen. Mein Vater erzählt mir, dass das echt komisch ist, alles, mir wird nämlich für die letzten fünfeinhalb Monate Geld nachgezahlt ... Und ich bekomme wieder regelmäßig meinen Monatsbetrag überwiesen. Schon klar, eigentlich spricht man nicht in der Öffentlichkeit über Geld, und ich habe ein bisschen Angst, dass es mir anderthalb Monate später wieder weggenommen wird, wenn ich das jetzt hier erwähne. Aber in besagtem fünfmonatigen Zeitraum seit meinem Geburtstag hat mein Leben aus einem Vollzeitjob und dann offiziell gar nichts (also Reisen) bestanden. Sofern ich mich nicht irre, besagt die Nachzahlungsregelung aber, dass ein Kind über achtzehn ohne Beschäftigung nur dann Kindergeld bekommt, wenn es sich um einen maximalen Zeitraum von vier Monaten handelt. Zusätzlich hat das Kind sich in diesem Zeitraum um einen Ausbildungs- oder Studienplatz zu bemühen. All das trifft nicht so richtig auf mich zu, aber egal, danke für das Geld! Dass mein Vater genauso überrascht ist wie ich, beruhigt mich, weil das bedeutet, dass ich wahrscheinlich nicht alles falsch verstanden habe, sondern irgendwo im Bürokratiedschungel ein Fehler passiert ist.

Bürokratie im Namen der Bildung?

Apropos Bürokratiedschungel: Pareidolies beste Freundin hatte er kurzfristig ganz verschluckt, bis sie es mit viel Mühe wieder herausgeschafft hat. Im Vergleich zu ihrem Chaos waren meine Erlebnisse auf Ämtern und an Servicetelefonen ein Kinderspiel. Besagte beste Freundin hat ihr Abitur beziehungsweise das internationale Pendant dazu in Armenien an einer – oh Wunder – internationalen Schule absolviert. Das klingt nach einem Abschluss, der in Deutschland anerkannt wird, richtig? Falsch. Die Arme hat stundenlang herumtelefoniert, war auf Ämtern, hat sich mit den Beamten gestritten und mit den für die Zulassung Zuständigen diskutiert. Das bestmögliche Ergebnis, dass sie herausschlagen konnte, ist ein extra Semester an der Uni Heidelberg, damit ihr Abschluss in Baden-Württemberg anerkannt wird und sie hier studieren darf. Ursprünglich waren zwei Semester an der Uni Heidelberg (»das geht aber nur in Heidelberg, die anderen Unis hier machen das nicht!«) vorgesehen, eines davon nur, um Deutsch zu lernen. Sie hat eine deutsche Staatsbürgerschaft und ihr ganzes Leben hier verbracht, bis sie nach Armenien ging. Anscheinend konnte sie die deutschen Beamten mit starkem badischem Akzent und ohne jegliche Englischkenntnisse davon überzeugen, dass sie Deutsch spricht. Ich habe keine Ahnung, was die Gute studieren möchte – jedenfalls muss sie in Heidelberg jetzt wöchentlich eine bestimmte Anzahl an Mathe-, Physik-, Chemie- und Biologiestunden absolvieren. Damit ihr Abschluss hier auch ohne den ganzen Unsinn anerkannt würde, hätte sie in der Schule achtstündig Bio und zusätzlich noch die anderen Naturwissenschaften belegen müssen. *Was?* Für jeden Abiturienten haben vier Stunden Naturwissenschaft plus vier Stunden Mathe die Woche gereicht. Als ich im Internet versucht habe, die Regelungen für die Anerkennung von internationalen Abschlüssen herauszufinden, habe ich mich schon auf der Website nicht zurechtgefunden.

Also merke: Schlimmer geht immer!

Respekt, beste Freundin von Pareidolie! Ich kenne sie nicht besonders gut, sonst würde ich sie jetzt fragen, ob sie mir erzählen will, wie sie das zu organisieren geschafft hat. Vielleicht gibt sie mir ja ein paar Bürokratie- und Ämtertipps, wenn wir beide in Heidelberg sind. Mit ihr habe ich jetzt eine einzige Person in Heidelberg, deren Namen ich zumindest mal kenne. Weniger aufgeregt bin ich deshalb nicht. Immerhin haben wir uns vor drei oder vier Jahren das letzte Mal gesehen und nicht mal Telefonnummern ausgetauscht.

Machen wir gleich weiter mit dem Thema Aufregung! Es ist jetzt nur noch knapp einen Monat hin, bis das Semester anfängt. Dasselbe gilt für meinen Umzug in das immer noch mysteriöse Wohnheim, dessen Verwalter oder Sekretärin unglaublich verplant zu sein scheinen. Vor drei Wochen schrieb ich die letzte Mail. Doch ich habe immer noch keinen Mietvertrag bekommen. Na ja, egal, ist ja noch Zeit, richtig?

Jedenfalls wollte ich direkt mit einem Schwung mein ganzes Zeug dorthin bringen, schließlich ziehen mein Vater und meine Stiefmutter ebenfalls um, und da nervt mein Kram nur. Aber jetzt denke ich, wie blöd das kommen muss, wenn die sowieso schon Jüngste an ihrem ersten Tag auch noch mit ihrem Vater aufkreuzt, der Kisten schleppen hilft. Oder, kommt doch komisch, stimmt's? Ich fände es schräg, wenn meine neue Mitbewohnerin zum Einzug gleich mal Papa mitbringt. Besonders, wenn sie ein Erstsemester ist. Also, wie mache ich das? Einmal mit Rucksack, Koffer und Tasche kommen und am nächsten Tag noch mal Sachen holen, diesmal mit meinem Vater?

Nur ziehe ich an einem Freitag dort ein, daher muss ich nicht knitternde (und schöne) Kleidung mitnehmen, mit der ich abends mit den anderen feiern gehen kann. Falls die das überhaupt machen und mich dabeihaben wollen. Aber wenn ich doch mit meinem Vater umziehen sollte, darf er bloß nicht mit ins Wohnheim kommen. Was ist dann, wenn mir einer beim Tragen helfen will? Dann entdeckt der tolle, nette, hilfsbereite Mitbewohner, dass ich versuche, selbstständig zu wirken, es aber in Wirklichkeit gar nicht bin. Außerdem ist das doch noch merkwürdiger, wenn jemand seine Eltern versteckt. Ich denke da an die Serie »Gilmore Girls«. Wenn jeder (ich eingeschlossen) so einen Humor hätte und so reden würde, wäre das alles so einfach. Hm, also wie verwandle ich meine zukünftigen Mitbewohner in die Gilmore Girls? Und vor allem wieder zurück, nie im Leben ziehe ich bei den Gilmore Girls ein, die sind viel zu nervig! Vielleicht rufe ich sie an und frage, ob sie mir beim Umzug helfen wollen – dann verteilen sie gute Laune bei meinen neuen Mitbewohnern, und ich kann schnell meinen Kram in mein Zimmer werfen, die Gilmore Girls gehen wieder und alles ist gut.

So sieht es gerade aus in meinem Kopf. Kann es sein, dass ich mir zu viel Stress mache? Ich benehme mich ja schon wie eine von diesen nervigen und übermotivierten Referendarinnen, die wir ständig in der Schule hatten und die vor lauter Nervosität nicht mal mit ihren fünf Schichten Make-up ihre roten Aufregungsflecken im Gesicht verstecken konnten.

Ziemlich beste Nervensägen?

Bin ich etwa genauso nervtötend? Genauso nervtötend wie Alice mit ihrer übermäßigen Sorgfältigkeit? Alice ist nämlich so eine Kandidatin für Pingeligkeit, wenn es um Gestaltung geht. Eine Liste ist nicht einfach nur eine Liste, nein, die muss schön verziert werden, und wenn es einen Rechtschreibfehler beim letzten Stichpunkt gibt, muss die Liste mitsamt Verzierung neu geschrieben werden. Irgendetwas ist in ihrem Hirn komisch umgeleitet worden bei den ganzen »Heftnoten« (schöne Gestaltung = beste Note, hässliches und unordentliches Heft = schlechte Note), die unsere Lehrer, die übrigens selber alle Sauklauen hatten, uns bis zur neunten Klasse angetan haben – ich sage nicht, dass das unbedingt schlecht sein muss. Nur wenn es um eine schnelle Liste geht und alle ewig warten müssen, weil Alice schreiben wollte ... Dann ist es nervtötend, und ich erlaube mir das jetzt nur zu erwähnen, weil ich es sieben Jahre Gruppenarbeit lang (fast) ohne zu klagen mitgemacht habe. Neulich hat Alice mir gezeigt, wie weit sie schon mit der WG-Suche in Kiel ist. Das erste, was sie doch tatsächlich »schnell« gemacht hat bei ihrer Suche war, die Karte vom Computer abzupausen und nach allen der im Kunst-Leistungskurs seit der fünften Klasse erlernten Regeln farbig zu schraffieren, auf der die Standorte ihrer favorisierten WGs eingezeichnet waren. Das hat sie gemacht, weil sie keinen Screenshot von der Karte machen konnte. Ich hätte, wäre mir diese Karte überhaupt wichtig gewesen, ein Handyfoto gemacht und das ausgedruckt. Na egal, ist ja ihr Ding – und schön aussehen tut's ja. Und nachdem sie mir ihre Karte gezeigt hat, hat sie sich bei mir darüber ausgelassen, dass der Wohnungsmarkt in Kiel mindestens genauso schlimm ist wie in Heidelberg. Ich wünsche ihr Glück.

Reisepläne und Zulassungsverfahren: abgefahren

Dann ist Alice-Telefon-Tag und wir halten unser Date auch ein, obwohl wir uns ja nun vor kurzem erst gesehen haben. Unsere Telefonate machen einfach Spaß! Sie erzählt mir von ihrem Tag und von dem Skype-Videoanruf, den sie erst heute mit ihrer besten Freundin, Pareidolie und deren besten Freundin gestartet hat. Die vier kennen sich noch aus der Grundschule. Da das ja wie gesagt so spannend ist, was alle anderen so machen und weil ich gerade weder zu Pareidolie noch zu Alices bester Freundin großartig Kontakt habe, frage ich mein Telefondate danach, was die beiden so beschäftigt. Pareidolie scheint gar nichts so richtig intensiv zu beschäftigen, außer, wie sie und ihre dort gefundenen deutschen Freunde (die auch bald zurückkommen) es schaffen, ihre Eltern zu überzeugen, ihre Rückreise zu bezahlen. Oder zumindest auszulegen. Die weigern sich nämlich, ihren Kindern eine derart gefährliche – aber wie ich finde supercoole – Rückreise zu ermöglichen: Sie sind zu dritt und haben beschlossen, sich in Tansania ein Auto zu kaufen und damit nach Algerien oder Marokko zu fahren. Dort wollen sie das Auto verkaufen und dann mit der Fähre nach Spanien weiter. Da wollen sie dann wieder ein Auto kaufen, nach Deutschland fahren und es hier wieder verkaufen. Einreisegestattungen für alle Länder, die sie passieren werden, haben sie schon, nur eben das Geld fehlt. Die Idee ist so unfassbar toll – aber eben tatsächlich nicht ganz ungefährlich. Über etwas anderes redet Pareidolie wohl wirklich nicht, dieses Land und diese Reise scheinen sie völlig von dem Gedanken daran abzuhalten, dass sie, sobald sie wieder in Deutschland ist, ohne Beschäftigung dasteht. Dass sie noch nicht weiß, was sie studieren möchte, hat sich nicht geändert – anders, als es alle immer prophezeien. »Während des Auslandjahres hast du dann ganz viel Zeit, über dich, deine Zukunft und deine Wünsche nachzudenken.« *Pareidolies Berichten zufolge hatte sie hauptsächlich einfach nur Spaß.* Ein paar Gedanken hat sie sich ganz zu Beginn des Jahres ja schon gemacht. Aber die Freundschaften, die sie dort so schnell geschlossen hat, waren dann wohl einfach wichtiger. Ganz anders bei Alices bester Freundin.

Die hatte sich ganz ehrgeizig vor einem Jahr direkt für ein Medizinstudium beworben und den Medizinertest gemacht, daran erinnere ich mich noch. Sie stand wohl aber auf der Warteliste und hat deswegen im letzten Jahr in einem Krankenhaus ein FSJ gemacht. Auf der Krebsstation, bei den Kindern. *Warum auch mit etwas weniger Schrecklichem anfangen? Aber ich kenne sie, und allein wegen ihrer Ausstrahlung würde ich ihr als Ärztin vertrauen.*

Sie hat dort viel gelernt, und es hat ihr anscheinend auch echt Spaß gemacht (sofern so eine Arbeit eben spaßig sein kann – vielleicht passt »erfüllend besser«), sie hatte gehofft, dieses Jahr angenommen zu werden. *Nix da.* Sie hat jetzt mehr Erfahrung als jede Lisa, die dieses Jahr mit 1,0 ihr Abi gemacht hat, und die Uni kann sicher sein, dass sie nicht umkippt, wenn sie Blut sieht, dass sie jemandem hilft, der akut in Gefahr ist und nicht erst mal erschrocken danebensteht. Das ist ziemlich unfair und sinnfrei: Müsste jeder angehende Medizinstudent ein paar Semester warten und so beweisen, dass er erstens geeignet ist und zweitens um jeden Preis Arzt werden möchte – okay! Das wäre verdammt sinnvoll, und der absurd hohe NC könnte etwas gesenkt werden. Was läuft falsch mit diesem Zulassungsverfahren, dass Lisa, achtzehn, ohne jegliche Praxiserfahrung, dafür aber mit dem auswendig gelernten 1,0-Schnitt sofort aufgenommen wird, nur um nach vier Semestern wieder abzubrechen, weil ihr beim Sezieren schlecht wurde – aber jemand wie Alices beste Freundin (die schon in der Schule Praktika in Krankenhäusern gemacht und außerdem auch einen Schnitt von 1,4 hat) noch ein drittes Semester warten muss?

Dabei sind drei Wartesemester noch wenig. So manch einer wartet wohl sechs oder sieben, vielleicht acht Semester, während seine Freunde ihre »Irgendwas-Studieren-um-nicht-nichts-zu-tun-Studiengänge« abschließen und anfangen, zu promovieren. Ein oder zwei gute Ärzte mehr wären bestimmt keine schlechte Innovation in Deutschland. Aber anstatt die studieren zu lassen, müssen sie Praktika, Auslandssemester, FSJs und Ausbildungen zu Rettungssanitätern oder Krankenschwestern machen. Irgendwie möglichst sinnvoll die Zeit totschlagen eben. Besagte beste Freundin weiß genau, dass sie warten will, bis sie irgendwann ihren Studienplatz bekommt. Sie lässt sich nicht verunsichern durch die Wartezeit, sie ist bloß genervt davon. Aber was ist mit den anderen Wartenden, die genauso gute Ärzte wären, aber vielleicht nicht so willensstark sind wie sie? Die sich vielleicht auch einen anderen Beruf für sich vorstellen können? Die fangen an zu zweifeln, ob sie nicht doch einfach Physik oder was auch immer studieren sollten, um schneller an einen Abschluss zu kommen. Mit Sicherheit wissen auch sie, dass es im Leben nicht darum geht, so schnell wie möglich Karriere zu machen – besonders nicht für einen Arzt, der Ewigkeiten auf seinen Studienplatz gewartet hat. Aber die ganze Zeit auf etwas zu warten, während alle anderen irgendetwas machen, das stelle ich mir schon ziemlich nervenzerreißend vor. Alices beste Freundin hat das, was sie gerade am meisten beschäftigt, wohl so ausgedrückt: »Das Warten in der Schwebe.«

»Warten in der Schwebe« ist eine ziemlich negative Formulierung, finde ich, und sie erinnert mich extrem an Alices definitiv weniger eleganten Terminus »Loch«. Ein Dauerzustand des genervten Zeittotschlagens, wie spaßig. Da steckt die Arme seit schon einem Jahr drin, und wird es noch mindestens ein Semester mehr erleben dürfen. *Wie beschissen.* Wäre ich in dieser Situation, würde mich nur das Wissen darum, warum ich warte, mich das weiter durchhalten lassen. Hätte ich das nicht, und zwar unglaublich ausgeprägt, würde ich das Projekt abbrechen und irgendetwas anderes machen. Gar nicht einmal, weil ich etwas »Richtiges« machen wollte, sondern weil es mich extrem anstrengen würde, immer zu wissen, dass ich nur warte. Kein Wunder, dass wir so wenig (gute) Ärzte in Deutschland haben.

Wir lieben dich, Numerus Clausus!

Dieses für Mediziner also absolut dämliche und bescheuerte Zulassungsverfahren, wegen dem es so wenige Ärzte gibt, wird leider nicht nur in diesem Fachbereich so angewendet. Ein NC wird für viele Fächer aufgestellt. Irgendwie hieß es in der Schule immer ganz entspannt, dass der Abi-Schnitt sowieso nur für Medizin und Jura wirklich wichtig ist. *Wer hat uns den Scheiß verklickert?* (Wäre das hier WhatsApp, würde ich hier eine Million wütende und dunkelrot angelaufene Emojis einfügen.) Es gibt für etwas mehr als die Hälfte aller Studiengänge ein Zulassungsverfahren und für mindestens zwei Drittel davon spielt die Abi-Note eine nicht unwesentliche Rolle. Der NC ist nicht immer hoch, aber er ist fast immer da. Ein großes Minus geht hier an diejenigen, die uns das damals – nicht wahrheitsgetreu – erklärt haben. Meine Mitschüler und ich dachten nämlich alle, dass das Prinzip »NC« schon so gut wie ausgestorben sei und haben uns deswegen nicht SOOO sehr angestrengt für unsere Noten! Jaja, bla bla, *Noten sind nicht wichtig, es geht um den Charakter und den Intellekt!* Bullshit! Für die Uni-Bewerbung sind Noten sehr wohl wichtig! Also lasst uns nicht in dem Glauben, dem wäre nicht so, liebe (wahrscheinlich unwissende und deshalb doch wieder entlastete) Eltern, LIEBE LEHRER! (Aber falls das hier jetzt panische Eltern lesen, deren Kinder gerade Abi machen: Es ist trotzdem nicht hilfreich, Eure Kinder für die letzten drei Monate ihrer Schulzeit noch mehr zu stressen – vielleicht reicht ein kleiner Gesprächseinwurf mit der Frage, wie das eigentlich heutzutage so läuft mit den Zulassungsverfahren an den Unis.)

Ob es sinnvoll ist, einen NC aufzustellen, darüber lässt sich dann immer noch diskutieren, aber da wir dieses System, sollten wir zu dem Schluss kommen, dass dem nicht so ist, sowieso nicht ohne Weiteres umwerfen können, haben wir dann wenigstens die Möglichkeit zu studieren, wozu wir Lust haben und nicht nur die NC-freie, weniger coole Version.

Zulassungsverfahren, Wartesemester, der ganze Kram: Darüber haben wir in der elften Klasse mal einen Aufsatz schreiben müssen. Die Aufsätze waren lang, unser Lehrer hatte definitiv das richtige Thema für die Klausur ausgesucht – letztendlich haben wir uns aber alle nur über die Absurdität all dieser Dinge ausgelassen und beschwert, nicht realisierbare Verbesserungsvorschläge hingekritzelt und uns einfach ausgekotzt. Seitenlang. Und ich denke, jeder, der das hier liest, hat auch seine eigene Meinung über das ganze Thema, deswegen belasse ich es hier einfach mal dabei – ansonsten schreibe ich noch ein ganzes Buch über Zulassungsverfahren an deutschen Unis.

 WhatsApp-Gruppe
»Freiburg-Berlin-Indien«

Lars: *Leute, der Gruppenname macht keinen Sinn mehr.*
Alice: *Kommst du bald zurück???*
Lars: *Jaaaa, ich freu mich so auf euch ;,*
Ich: *Lol, dann ist keiner von uns mehr an einem dieser Orte.*
Alice: *Ich in Kiel, du in Heidelberg und @lars irgendwo in der Pampa beim Militär.*
Lars: *Na ja, erst mal schon noch Freiburg.*
Ich: *Wurdest du jetzt schon angenommen?*
Lars: *Nee, noch nicht ;(*
Alice: *:D :D*
Alice: *Aber es kommt langsam alles ins Rollen, das ist so schön!!! Du kommst wieder, fängst was Neues an und Olga und ich sind schon immatrikuliert …*
Lars: *Freut ihr euch schon?*
Ich: *Ja mega!*
Alice: *Wir haben schon beide Studentenausweise ☺*
Ich: *[Foto vom Studentenausweis eingefügt]*
Alice: *[Foto vom Studentenausweis eingefügt]*
Lars: *Sehr geil.*

11. Alles verändert sich

Pareidolie kommt ganz bald aus Tansania zurück.

Sie wirkt traurig, trotzdem versichert sie Alice und mir ständig per WhatsApp, wie sehr sie sich auf uns und auf zu Hause freut. Wer's glaubt, wird selig, ich merke ihr genau an, dass sie am liebsten in Afrika bleiben würde. Mal ganz abgesehen davon wird sie ab dem Tag ihrer Rückkehr fürs Erste ganz offiziell eine Fernbeziehung führen: Ihr deutscher Freund, der auch von ihrer FSJ-Organisation nach Tansania geschickt wurde und den sie in Vorbereitungsseminaren kennengelernt hat, lebt irgendwo im Ruhrgebiet in einem Kaff. Aber bevor er sich da wieder einnistet, müssen Alice und ich ihn noch kennenlernen: Wir sind da schon heftig neugierig.

Na ja, jedenfalls bringt sie Geschenke mit, weswegen ich mich umso mehr auf sie freue. Nein, das ist gemein: Meine Freude wäre nicht geringer, hätte sie keine Geschenke dabei – aber ich freue mich *auch* auf die Geschenke. Eigentlich sind es nicht einmal Geschenke, sondern Bestellungen von Alice und mir. Auf so gut wie jedem Foto, das Pareidolie uns während des letzten Jahres geschickt hat, trug irgendjemand tolle afrikanische Kleidung: Schöne Kleider, Blusen, Röcke, T-Shirts in den atemberaubendsten Farben. Irgendwann hatten Alice und ich Pareidolie dann unsere Maße geschickt mit dem Auftrag, jeder von uns mindestens ein schönes Teil mitzubringen. Na ja ... und darauf freue ich mich eben, ich bin gespannt. Vermutlich ist die ganze Aktion sogar illegal, denn theoretisch ist es ja ein nicht verzollter Handel: Pareidolie erhält eine Bestellung, besorgt die und wir geben ihr am Ende Geld dafür. Vertiefen wir das jetzt besser nicht weiter.

Aber erst einmal hat Pareidolie noch ihren Aufenthalt in Tansania so lange wie möglich verlängert. Aus dem coolen Rückreiseplan wurde nichts, und deswegen hat sie einfach entschieden – ich zitiere – »auf alle Bewerbungsfristen in Deutschland zu scheißen« und die Zeit in Tansania zu genießen. Sie hat sich jetzt entschieden, einfach zu arbeiten, wenn sie wiederkommt, und zum Sommersemester dann mit einem Studium anzufangen. »Irgendwas Soziales«, auf jeden Fall. Sie arbeitet gerne mit Menschen, hilft gerne, wenn sie kann. Vielleicht sehen sie und ich uns irgendwann bei Ärzte ohne Grenzen wieder. Sie als medizinische Assistentin, ich als Dolmetscherin, das fänden wir beide toll. Solche Projekte gäben uns beiden das Gefühl, wirklich zu helfen. Das wären Wege, doch noch zu den »Heldinnen« aus den Geschichten unserer Großeltern zu werden und doch noch unser Bedürfnis, etwas für die Welt zu tun, zu stillen. Vielleicht finden wir ja noch andere Wege dazu, bis wir ausgebildet genug sind für Ärzte ohne Grenzen.

Auseinandergelebt

Lange hatten Otto und ich jetzt keinen Kontakt mehr. So ist das wohl eben einfach, wenn zwei Menschen zusammenziehen, die sich dauerhaft auf zu engem Raum einfach nicht verstehen. Jedenfalls schreibe ich ihm mal wieder, einfach um etwas von ihm zu hören. Heute vor einem Jahr hat er mich aus meinem Loch gezogen. Ich hab ihm ganz schön viel zu verdanken – und mag mir nicht wirklich vorstellen, wie lange ich noch im Loch geblieben wäre, wäre er nicht da gewesen. Das schreibe ich ihm auch.

Schreiben kann man sich noch – obwohl man sich auseinandergelebt hat. Und siehe da: Alle seine ursprünglichen Pläne über den Haufen geworfen, befindet er sich gerade in Japan bei einem Work and Travel, bevor er in drei Wochen damit in China weitermacht. So muss man das machen, man muss dem folgen, was das Herz einem sagt! Und wenn das eben eine Reise nach Japan und China bedeutet, warum nicht?! Jetzt wo ich weiß, was Otto macht, finde ich es okay, dass wir uns voneinander entfernt haben. Es ist okay, auch wenn es natürlich sehr, sehr schade ist. Aber wir werden uns sicher wiedersehen und ab und an voneinander hören.

Stufentreffen

Lars ist jetzt wieder zurück. Wir haben uns seitdem noch nicht gesehen, aber heute Abend ist ein Stufentreffen – da sehen wir uns. Es war zwar zugegebenermaßen auch echt angenehm, meine ganzen alten Mitschüler mal eine Zeit lang nicht zu sehen. Aber heute kommen fast alle: Fast alle sind von ihren diversen Reisen zurück, und fast alle ziehen in den nächsten vier Wochen aus, um eine Weiterbildung anzufangen. Die, die schon studieren, haben noch Semesterferien – es sind wirklich (fast) alle in der Stadt. Wir treffen uns zum Grillen auf einer großen Wiese, auf der schon etliche andere Klassen- und Stufentreffen stattgefunden haben.

Und es ist toll, sie alle wiederzusehen, die Geschichten zu hören. Hauptsächlich wird zwar gesoffen, und zwar nicht zu knapp, aber etwas bekommt man doch mit. Kevin und Chantal sind während ihres ersten Studienjahres auf einmal intelligent geworden. Die FSJler erzählen, was sie über sich gelernt haben und wie sich ihr Blick auf die Welt mehr oder weniger grundlegend verändert hat seit ihrem mehr oder weniger superanstrengenden und mehr oder weniger hilfreichen Auslandsjahr. Einige haben wirklich etwas gelernt, die anderen hatten hauptsächlich Spaß. Die, die um die Welt gereist sind (bei deren Fotos auf Instagram ich mich immer gefragt habe, woher sie das ganze Geld für die Fünf-Sterne-Hotels haben), erzählen, bis sie zu betrunken sind, von den tollen Dingen, die sie gesehen haben. Irgendjemand erzählt auch davon, wie schwer es doch ist, WG-Zimmer zu finden, dass er jetzt in einem Wohnheim wohnt. Ich habe auch ein Wohnheimzimmer erwischt, Alice in Kiel auch (Mann, wie hat sie sich gefreut). Kurz gesagt: Thema abgehakt, allgemeines Desinteresse macht sich langsam breit.

Alles in allem dachte ich aber, dass es irgendwie noch besonderer sein würde, alle wiederzusehen. Was uns zu Schulzeiten verbunden hat, verbindet uns jetzt (*endlich*) nicht mehr. Klar, es ist nett zu hören, wie es ihnen allen geht, was sie erlebt haben. Aber so toll wie es in der ersten halben Stunde war, so langweilig ist es jetzt nach drei Stunden. Mit Lars und Alice und ein paar anderen ist es lustig, ja, aber wir können uns auch ein anderes Mal treffen und brauchen nicht auf einer nassen Wiese zu stehen und zu frieren, um uns auszutauschen. Na ja. Jetzt wo dieses Zusammengehörigkeitsgefühl nicht mehr da ist, ist es umso leichter und spaßiger, sich auf die Uni zu freuen. Deswegen ist der Abschnitt hier auch so kurz. Ich hab einfach nicht viel darüber zu sagen, das Thema ist mittlerweile einfach nicht mehr so wichtig.

Geübt in Sachen Papierkram?

Darüber, wie ich mich an der Uni eingeschrieben habe, habe ich noch nicht erzählt. Und, *oh Mann!*

Wegen der Bescheinigung für das Kindergeld habe ich mich wie gesagt so früh wie möglich eingeschrieben. Einzuschreiben versucht. Und nach drei Stunden war ich dann erfolgreich.

Das funktioniert, ganz modern, neuerdings online. Gleich zu Beginn musst Du Dir erst einmal ein Konto bei *hochschulstart.de* zulegen, auch wenn DU gar kein zulassungsbeschränktes Fach studieren willst. Es geht da nur um eine Nummer. Für alle, die das noch vor sich haben: Es gibt da am Anfang bei Hochschulstart nur zwei Möglichkeiten – einmal, Pharmazie oder ein ähnliches Fach als Studienwunsch anzugeben oder zu behaupten, es ginge um ein zulassungsbeschränktes Fach. Letzteres ist dann mit der Option DoSV (Dialogorientierte Serviceverfahren) abgedeckt. Also behauptet Ihr, Ihr wollt ein zulassungsbeschränktes Fach studieren – und dann versucht Ihr einfach, nicht alle Eure Nummern und IDs, die Ihr so zugeteilt bekommt, durcheinander zu bringen. Nachdem Ihr also ein Konto bei Hochschulstart habt, müsst Ihr nur noch die richtigen Nummern in die richtigen Felder auf der Seite Eurer Uni eingeben, und dann erraten, welche Art von Studium Ihr absolvieren wollt (*Zwei-Fach-U??? Was ist das? Warum findet sich dieser Begriff nirgendwo in der Liste der grundständigen Studiengänge, oder bei den Kombinationsmöglichkeiten? Hilfe!*). Welche der komischen Nummern, die zur Auswahl stehen, die Nummer Eurer Krankenkasse ist (das konnte mir nicht mal meine Krankenkasse sagen) müsst Ihr auch erraten. Warum die CD, auf der sich eigentlich Eure digitalen Passbilder befinden sollten und welche Euch ganze 26 Euro gekostet hat, leer ist, fragt Ihr am besten gar nicht erst. Das hört sich nach Chaos an? *Chaos ist untertrieben.* Da muss ich (müssen wir) aber durch, denn: Erstens gibt es jetzt wieder Kindergeld und zweitens *bin ich fast Studentin!* Ein paar Tage später kommt dann die Immatrikulationsbestätigung mit dem Studentenausweis. Es fühlt sich an wie damals, als der erste Schultag bevorstand.

Deswegen gebe ich, seit ich immatrikuliert bin, mit meiner Uni-Mailadresse an und melde mich voller Eifer bei der UniBib an. Theoretisch hätte ich all das auch Ende September noch tun können, aber Vorfreude ist ja (neben Schadenfreude ;)) bekanntermaßen die schönste Freude.

Und heute wurde das Vorlesungsverzeichnis für das neue Semester freigeschaltet. Nach einer halben Stunde, in der ich versucht habe, die Prüfungsordnungen für Islamwissenschaften und Germanistik zu verstehen, überlege ich ernsthaft, mich wieder zu exmatrikulieren und doch eine Ausbildung zu machen. *Nein, nicht wirklich*, aber ich bin schon irgendwie verzweifelt. Sehr verzweifelt, ehrlich gesagt, denn ich verstehe nur Bahnhof. Ich bin so weit gekommen, die Superpflichtveranstaltungen in meinen Stundenplan einzutragen. Damit komme ich aber nur auf ungefähr zehn Stunden Uni die Woche, das kann nicht stimmen. Also muss es noch andere Pflichtsachen geben, aber was sind das für welche? Welche Vorlesungen sollte man besser in welchem Semester belegen, oder werden mir eh nur diejenigen angezeigt, die ich im ersten Semester belegen kann? Ich lasse es zwei Tage ruhen und überlege immer so nebenbei, wie diese blöden Prüfungsordnungen richtig zu verstehen sind. Nach zwei Tagen bin ich kein Stück weiter. Ich lasse den Spaß noch mal eine Woche ruhen. *Denk nach Olga, wen kennst du, der studiert und bei dem es nicht peinlich ist, wenn du ihn um Hilfe bittest wegen deinem Stundenplan?* Mir fällt niemand ein. Ich habe die Hoffnung, dass Alice das mit ihrem Stundenplan bald auch angeht, vielleicht kann sie mir ja dann helfen.

Verzweiflungsphilosophieren

Jeder kennt doch dieses Bild von Jugendlichen auf Spielplätzen. Alice und ich treffen uns auch manchmal zwischen Sandkästen und Schaukeln. Was ist so anziehend an Spielplätzen? Eine Zeit lang war es uncool, auf den Spielplatz zu gehen, das war die Zeit, in der man noch zu sehr wie ein Kind aussah, für die die Plätze eigentlich da sind. Außerdem war es dann ziemlich peinlich, wenn irgendwelche fremden Erwachsenen fragten, ob wir vielleicht mit ihren Dreijährigen mitspielen wollten. Aber irgendwann war es plötzlich nicht mehr peinlich. Oder uncool. Da wurde es supercool, auf dem Spielplatz abzuhängen. Und schön ist es immer noch. Als würde man sich zurückbeamen in die Zeit, in der eine Wippe so unglaublich viel Spaß gemacht hat. Paradox, dass diejenigen, die eigentlich gerade erwachsen werden (sollten), unbewusst so gerne ihre freie Zeit an Plätzen für Kleinkinder verbringen.

Wenn ich irgendwann einmal aus welchem Grund auch immer mit einem Psychologiestudenten auf einem Spielplatz sitzen sollte, werde ich ihn fragen, warum das so ist. Und dann frage ich ihn auch gleich noch, warum ich immer, wenn ich in Panik gerate, anfange, herumzuphilosophieren. Wobei es dafür bestimmt auch im Internet irgendeine Erklärung gibt, denn das geht ja offensichtlich nicht nur mir so. Ich kenne so viele Menschen, die, wenn sie im Stress sind, anfangen zu plappern, bis sie umfallen. Aber das jetzt zu googeln – da habe ich grade nicht den Kopf zu.

📞 WhatsApp-Gruppe
»Freiburg-Berlin-Indien«

Ich: *Hilfe!*
Ich: *Hilfe!*
Ich: *Hilfe!*
Alice: *Was los?*
Ich: *Hast du schon deinen Stundenplan zusammengestellt?*
Alice: *:D Nee, das geht noch nicht bei mir.*
Lars: *Haha, du bist so dumm, Olga.*
Ich: *Klappe! Du musstest das noch nie machen!*
Lars: *Ist ja gut.*
Alice: *Aber das ist mega gut, wenn du das jetzt schon machst, dann kannst du mir ja helfen, wenn es bei mir so weit ist.*
Ich: *Na danke.*
Lars: *Viel Spaß euch :P*
Ich: *HALT DIE KLAPPE!*
Alice: *Halt die Klappe, das ist nicht witzig, jetzt hab ich mega Panik davor, dabei hatte ich mich so aufs Vorlesungsverzeichnis gefreut.*

12. Zum Schluss wird's ungemütlich

Heute kam dann mein Mietvertrag von dem Wohnheim. Da steht unter anderem auch endlich die Adresse drauf. Die kannte ich nämlich bisher nicht. Der Mietvertrag ist LANG, anbei liegen auch schon gleich die Hausordnung und ein paar andere Formulare.

Wie stellt man sich das typische Studentenleben vor? Wenig Uni, wenig lernen, viel Party und viel Spaß. *Oder etwa nicht?* Besagte Hausordnung untersagt jeglichen Spaß: Musikinstrumente nur zwischen 10 und 12 Uhr spielen, zwischen 12 und 14 Uhr ist Mittagsruhe, zwischen 22 und 7 Uhr Nachtruhe. Nachts darf man nicht Wäsche waschen, Übernachtungsbesuch gibt es nur siebenmal im Monat und maximal zweimal pro Woche von nur einer Person. Teppiche werden nicht auf dem Balkon ausgeklopft, sondern unten im Garten, und wenn nicht regelmäßig die Fenster geputzt werden, gibt's einen auf den Deckel. *Hört sich ja nach ner krassen Partybude an, oder?* Ich nehme nicht an, dass irgendjemand diese Regeln strikt befolgt oder deren Einhaltung kontrolliert. Ich hoffe es nicht. Was, wenn Alice und Pareidolie mich beide gleichzeitig besuchen wollen? Muss ich dann ernsthaft »kleinkriminell« werden, um die beiden bei mir unterzubringen? Es wäre wohl eher minikriminell, winzkriminell, aber trotzdem – eine irre Vorstellung.

Wichtiger aber ist: Es ist genau das gleiche Spiel wie damals mit meinem ersten Arbeitsvertrag: Ich habe keine Ahnung, wie ein Mietvertrag auszusehen hat. Ich habe keine Ahnung, was da drinzustehen hat und was auf keinen Fall drinstehen sollte. Meine Mutter ist im Urlaub, also bin ich auf mich allein gestellt. Aber mit meinem gesunden Menschenverstand meine ich, den Vertrag als in Ordnung beurteilen zu können. Eine Reihe Einverständnis-erklärungen und Erklärungen meinerseits, dass ich diese und jene Regelungen zur Kenntnis genommen habe und befolgen werde, später stoße ich auf ein Bürgschaftsformular. Da steht nur nicht drauf, wer bürgen soll. Aber ich MUSS es einreichen. *Tut mir leid, Mama,* aber jetzt musst du mir helfen. Ich schicke ihr ein Foto von dem Formular und sie schreibt einen Text, in dem sie erklärt, dass sie für mich bürgt. Hoffen wir, das reicht dem Wohn-heim erst mal aus. Nur der Punkt ist: Alleine hätte ich keine Ah-nung, was ich mit dem Formular hätte anfangen sollen. Klar, bei der Wohnheimverwaltung anrufen und die fragen, aber … Sol-che Dinge und Dinge wie meine Stundenplanschwierigkeiten zei-gen nur, wie schlecht wir vorbereitet sind auf eigentlich fast alles, die einfachsten Dinge – und momentan besonders die Uni: Es kann doch nicht sein, dass jeder Erstimmatrikulierte ein bisschen Angst hat vor dem Studium. Jeder außer denen, die sich über-schätzen. Dabei heißt es in der Schule noch immer, dass die letz-ten beiden Schuljahre, die bei uns damals sogenannte »Kursstufe«, dazu da sind, uns auf das Studium vorzubereiten. Von wegen kei-ner kümmert sich dann mehr um die Probleme der Schüler. Mir sind dauernd Lehrer hinterhergelaufen mit Abgabefristen und Klausurterminen. Es gibt zwei Aspekte, zwei Worst-Case-Szena-rios, die in unser aller Köpfen herumspuken: Ganz oben auf der Liste steht die gerechtfertigte Befürchtung, mit der Organisation nicht klarzukommen. Nicht zu verstehen, wann welche Veran-staltung wo stattfindet, welche Vorlesungen, Seminare und Kol-loquien belegt werden müssen, um nicht durchzufallen und so weiter. Ich kenne so viele Studenten, die da auch während ihres

Studiums nicht durchblicken. Also muss das System kompliziert sein. Also fühle ich mich nicht darauf vorbereitet und bin also nur ganz vielleicht dem Entwirren der unendlich scheinenden Vorschriften gewachsen. Und dann kommt natürlich die mindestens genauso weit verbreitete Angst davor, der oder die Dümmste im Studiengang zu sein. Vielleicht haben die anderen sich schon viel mehr mit den Themen des Studiums auseinandergesetzt, vielleicht schauen sie dich überheblich und belustigt an, wenn *du* eine Frage nicht beantworten kannst? Vielleicht bist *du* auch viel zu dumm, um überhaupt zu studieren? Ich rufe mir dann immer ins Gedächtnis, welche meiner ehemaligen Mitschüler alle schon studieren. Und wenn selbst Kevin und Chantal es schaffen, Philosophie und Chemie zu studieren, dann bekomme ich das mit der Uni erst recht hin. Abiturienten sind in unserer Gesellschaft diejenigen mit dem breitesten Wissen, diejenigen, die theoretisch über alles etwas wissen. In der Theorie natürlich nur, weil keiner jedem Lehrer zuhört. Was ist los mit unserem Schulsystem, dass wir trotzdem Angst vor einem Studium haben, das sogar noch in unseren Interessensbereich fällt?

Was definitiv jeder in der Schule lernt, ist, sich über alles, was dort falsch läuft, eine vernichtende Meinung inklusive Verbesserungsvorschläge zu bilden (Sportunterricht wird falsch angepackt; Mathe ist unnötig, weil »Logikunterricht« viel mehr Sinn machen würde; zwei Stunden in der Woche etwas zu »lernen«, um es sich bis nächste Woche eh nicht merken zu können, ist scheiße; warum nicht eine ganze Woche lang Thema A durchnehmen – dann könnte man im Stoff gleich viel tiefer gehen etc. etc.). Hier also mein professioneller Verbesserungsvorschlag zum Thema Uni-Angst: Schüler werden Gasthörer. Ich weiß, dass es dieses Konzept schon gibt, nur kenne ich niemanden, der das je getan hat. Also könnte Gasthören zu einer Pflichtveranstaltung werden. Einmal im Monat muss jeder Schüler der Abschlussklasse in einer Uni oder FH gasthören gehen. Wenn er das mehr als dreimal nicht macht, muss Schüler X eine Hausarbeit schreiben. Ja, es ist eine Pflichtsache mehr, die eh schon gestresste G8-Schüler machen müssen. Aber so wäre die Uni ein bisschen weniger mysteriös und angsteinflößend.

Oder das Gerede von wegen »Vorbereitung aufs Studium« hört einfach auf. Dann hätte nicht jeder das Gefühl, eigentlich vorbereitet sein zu müssen, es aber nicht zu sein – sondern es sind offiziell alle unvorbereitet. Unvorbereitet auf die Uni, genau wie wir unvorbereitet auf die Deutsch-Abiturprüfung waren (Fremdwörter wurden an meiner Schule nicht für sehr bedeutend gehalten, jedenfalls mussten wir alle Fremdwörter pauken vor der Prüfung, um die Korrektoren zu beeindrucken).

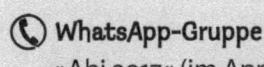 **WhatsApp-Gruppe**
»Abi 2017« (im April)

Eva: *Was war noch mal eine Syntax?*
Lina: *Syntax heiß Satzbau.*
Anne: *Gibt es nicht auch einen Parasyntax oder so?*
Luise: *»Tax« kommt vom englischen »Steuer«, und »syn« steht für die Synthese zwischen dem Finanzmarkt und dem Steuerzahler.*
Lina: *Das stimmt doch nicht echt, oder?*
Max: *Doch schon, und »Parataxe« ist der Begriff für die Fahrt zweier Taxen nebeneinander.*

Wenigstens kreativ waren wir, und eine von hundert wusste, was eine Syntax ist. Ein großer Applaus an die Deutschlehrer, wirklich.

Meine Grammatikregelmerkschwäche

Apropos Grammatik: Vor Germanistik hab ich echt Bammel. In diesem Fach geht es viel um Grammatik. Manch einer hat eine Rechtschreibschwäche, ich habe eine Grammatikregelmerkschwäche. Dieses Wort gibt es zwar, glaube ich, nicht wirklich, aber ich habe die Schwäche trotzdem. Grammatikfehler mache ich kaum – auch nicht in Englisch oder Französisch. Aber die Regeln kenne ich deshalb noch lange nicht. Ich mache das nach Gefühl, und das funktioniert meistens. Nur um herauszufinden, was in einem Satz das Subjekt und das Objekt, das Prädikat und das Verb ist, brauche ich echt lange. Bei den verschiedenen Fällen steige ich dann komplett aus. Mal schauen, wie lange ich im Germanistikstudium überlebe. Falls es nicht lange dauert, bis ich es aufgebe, ist das aber nicht so schlimm: Ich kenne nur zwei Personen, die ein Germanistikstudium angefangen und auch abgeschlossen haben: Meine Tante und meine Lektorin. Alle anderen haben nach spätestens drei Semestern geschmissen. Und »alle anderen«, das sind echt viele Leute, so viele Leute, dass auch Tabea Mußgnug in ihrem Buch über das Leben »zwischen Uni und was weiß ich« diese Leute erwähnt. Sie sagt, es sei nichts Ungewöhnliches, Germanistik zu schmeißen. Dass es einen Test gibt, der aussiebt, wer wirklich für dieses Studium geeignet ist. *Hilfe! Hilfe!!! Rettet mich jemand?* Tabea macht mir noch mehr Angst, als ich sowieso schon hatte.

Andererseits – sie hat mir auch Angst gemacht mit der Wohnungssuche, und die war ja eigentlich relativ einfach. Ach, und noch was: Ihr Buch hat sie ja geschrieben, als sie fertig war mit dem Studieren und angefangen hat zu promovieren (und als ihr auch das zu langweilig wurde). Ich glaube, sie hat das Buch geschrieben, um nicht in einem altbekannten »Loch« zu versinken. Das ist ziemlich deprimierend, weil das bedeutet, dass ein Uni-

Absolvent theoretisch wieder genauso auf null steht wie ein frisch gebackener Abiturient. Was irgendwie echt blöd ist: Da rackert man sich dann fünf Jahre lang an der Uni einen ab, und am Ende ist man genau da, wo man angefangen hat. Nur mit ein bisschen mehr Wissen.

Andererseits ist das auch cool, weil man dann wieder etwas Neues anfangen kann. *Mist, jetzt kommt doch etwas Positives ins negative Kapitel.* Tja, Mama, Papa, Oma, Opa und alle anderen, die immer ihren Senf dazugeben müssen: Das heißt dann wohl, dass mein Leben ab jetzt *nicht* nur noch in geordneten Bahnen verläuft, sondern dass jetzt schon feststeht, wann ich das nächste Mal planlos »chillen und dann nichts tun« kann. Da freu ich mich schon drauf!

Um aber wieder negativ zu werden: Meine Tante bekommt Hundewelpen. Und sie will mir einen schenken, weil sie weiß, wie sehr ich mir einen Hund wünsche. Einen süßen, braunen, kräftigen Labradorwelpen. Und ein Labrador wäre so toll, ich würde ihn lieben. Und Mama und Papa sagen nicht mal Nein. *Ich sage Nein!* Das ist so unfair! Dabei geht es nicht so sehr darum, dass ein mehr oder weniger großer Hund in dem Wohnheim schwer zu verstecken wäre (ich könnte ja auch woanders hinziehen, das ginge bestimmt). Für einen Hund bräuchte ich eine WG, die das Tier auch liebt, das ist besser für das Tier. Und Auslandssemester sind der neueste Schrei, ein solches wäre mit dem Hund schwer zu vereinen. Und wenn ich irgendwann tatsächlich im Ausland arbeiten und Menschen helfen will, sollte ich Auslandserfahrung sammeln. Ein Auslandssemester etwa im Iran mit Labrador? Haha guter Witz. Ach, *das Leben ist so unfair!!!*

📞 WhatsApp-Gruppe
»Freiburg Berlin Indien«

Ich: ☺ ☺ ☺ *Morgen ziehe ich uuuuum!*
Lars: *Uii cool, viel Spaß!*
Alice: *Umziehen macht keinen Spaß, es ist scheiße anstrengend, wenn dein Wohnheimzimmer im fünften Stock ohne Aufzug liegt!*
Alice: *So wie meins.*
Lars: *Haha.*
Alice: *Irgendwann bekommst du das alles zurück. Lars, wirst schon sehen.*
Ich: *Wohow, Rachepläne, Alice? Gib mir lieber Tipps!*
Alice: *Sag deinem Papa liebe Grüße von mir und schick ihn Eis essen in der Stadt, während du das Auto auslädst. Danach kann er wieder nach Hause fahren, aber lass dir bloß nicht von ihm Kisten tragen helfen, das kommt wirklich nicht gut, hattest recht.*
Ich: *Spricht da jemand aus Erfahrung?*
Alice: *Nein, als meine Mutter die fünf Stockwerke gesehen hat, ist sie geflüchtet, aber die Eltern meiner neuen Mitbewohnerin haben ihr geholfen – war peinlich.*
Lars: *Lel.*
Ich: *Also, besser die Mitbewohner fragen?*
Lars: *Bist du nicht stark genug, um selber zu tragen? :P*
Ich: *Doch.*
Lars: *Jaja.*
Ich : ☹

Studentenleben: school's out!

Jetzt fängt es tatsächlich an, mein Studium. Wie es wohl wird? Ob ich wohl schnell neue Freunde hier finden werde? Wie das wohl ist, hier in Heidelberg zu wohnen ...

Heute bin ich umgezogen. Ende September, es war ungewöhnlich warm und ganz ungewöhnlich leer im Wohnheim. Unauffällig bin ich doch nicht alleine, sondern mit Papas Hilfe (Danke!) mit unzähligen Kisten in mein neues Zimmer marschiert, eine Kiste nach der anderen. Bis heute Abend habe ich noch keinen aus meinem Gang gesehen, alle waren noch auf dem Rückweg aus dem Urlaub oder von den Eltern gewesen: Jetzt steht alles hier vollgepackt mit meinem (und ihrem) Kram, und ich sitze mit meinen neuen Mitbewohnern, von denen drei auch heute erst hier eingezogen sind, am Esstisch. Vielleicht war mein Einzug deshalb nicht so suuuperauffällig, wie ich es zuvor befürchtet hatte, weil ich nicht die einzige Einziehende war und so die Aufmerksamkeit ein bisschen verteilt wurde. Meine Mitbewohner sind nett, und eine von ihnen ist Psychologiestudentin. Mehr kann ich noch nicht sagen – ich habe sie schließlich erst vor drei Flaschen Wein kennengelernt. Und den Großteil des Tages habe ich meine Umzugskisten mehr schlecht als recht zu sortieren versucht.

Bevor mein Vater mit mir (oder eher: ich mit meinem Vater im Gepäck) losgefahren ist, hat meine Stiefmutter mir noch ganz viel Essen eingepackt: »zum Einfrieren«. Und dann noch ein bisschen Schokolade, und eine Flasche Sprudelwasser, und eine Packung Mehl und Zucker, und Gewürze, und Backpapier, und ein paar Küchenutensilien, und Geschirrtücher, und Putzmittel, und dann noch mehr Schokolade. Wie gesagt, sie ist diejenige, die mir in Sachen Selbstversorgung nicht viel zutraut. Dankend habe ich alles ins sowieso schon überfüllte Auto gequetscht – *können wir jetzt los? Ja.* Meine Stiefmutter und mein Vater sind jetzt wieder ganz alleine zu Hause, schon während ich noch meine Mitbewohner kennenlerne (bei Flasche Nummer 4) schreiben die beiden in unsere Familiengruppe, dass ihnen langweilig wäre und sie uns vermissen. Oh je. Vielleicht denken sie sich, wenn sie »Ihr werdet uns fehlen« schreiben, gleichzeitig: »Endlich mal wieder Zeit für uns«.

Die Schule hatte gute Seiten ...

Wie sehr unterscheiden sich Uni und Schule wirklich? Ist das Gemeinschaftsgefühl dasselbe? Wird alles unbestreitbar Positive an der Schule, oder besser der Schulzeit, von etwas Ähnlichem oder sogar noch Besserem abgelöst? Wird es coole Professoren geben, die an meinen alten Deutschlehrer herankommen? Wird es tolle Exkursionen und Studienfahrten geben, in denen sich die Studenten alle total nahekommen? Coole Freizeitgruppen von der Uni organisiert, wie in der Schule die ganzen AGs? Und am wichtigsten: Wird es einen Lars und eine Alice geben, mit denen ich einen Tag nach dem anderen in der Uni verbringe? Ich hoffe es so, auch wenn meine alten Freunde natürlich nicht ersetzbar sind. Und das ist auch das Einzige, von dem ich jetzt schon weiß, dass es in der Schule besser war: Ich brauchte kein blödes Instagram, um mit meinen ehemaligen Klassenkameraden in Kontakt zu sein, um zu wissen, was in ihrem Leben so passiert. Klar, zu Schulzeiten gab es auch schon Instagram. Aber es war damals doch sehr unnötig, weil einfach die meisten eh nur Mitschüler und die Familie als Abonnenten hatten. Hierzu lässt sich vielleicht kurz noch sagen, dass ich eher auf echte Unterhaltungen stehe als auf Instagram- und Snapchatstorys. Sieht man sich eh jeden Tag – warum dann Fotos verschicken von dem Eis, das es gestern umsonst in der Schule gab? Es gibt dieses tolle Lied »Sushi« von Von Wegen Lisbeth. Da geht es um die Absurdität des Ausmaßes der sozialen

Medien, und wenn ich genervt bin von tausend neuen Posts –
dann höre ich dieses Lied und reagiere mich ab. Kurz nach dem
Abi hatte ich deswegen auch noch gar kein Instagram. Dann hat
»mein« Verlag oder besser gesagt die Social-Media-Abteilung des
Verlags mich, die ich eigentlich eben überhaupt nicht viel von
Twitter, Facebook und Konsorten halte, davon überzeugt, mir Instagram zuzulegen. Und es hat sich herausgestellt, dass Instagram die einzige Möglichkeit ist, ein bisschen über wenigstens
das Tolle im Leben der anderen Bescheid zu wissen. Wie schon
gesagt, in der Schule brauchte es dazu keine sozialen Medien –
nur werden ja eben (zum Glück) nicht alle von uns an derselben
Uni studieren. Also *Danke*, Entwickler von Instagram, dass wir
alle die Möglichkeit haben, in Kontakt zu bleiben, aber: Maaaaaa-
ann, warum muss das so anstrengend sein?

Da das aber bisher das einzige Negative ist, was die Verände-
rung Schule – Uni mit sich bringt, ist es völlig egal, wie oft ich gefragt werde, ob mir nicht ein bisschen mulmig ist, völlig egal, dass
mir ständig erzählt wird, meine Studienfächer wären blöd, völlig
egal, dass ich niemanden kenne in dieser Stadt. Völlig egal, dass
ein Haufen Arbeit auf mich zukommen wird mit meinem Studium und einem Job nebenbei: Ich freue mich so, dass es endlich
weitergeht!

Die Geldfrage

Vor ein paar Wochen, als das Wohnheim Angaben zu meinem
Verdienst während des Studiums erfragte, galt es zu überlegen,
wie ich das wohl alles organisieren werde. Danke für den Denk-
anstoß, liebe »Vermögensverwaltung ADRIA« (das sind die, die
das alles fürs Wohnheim organisieren)! Was gibt es doch alles für
Möglichkeiten, ein Studium – oder besser: das Leben neben dem

Studium – zu finanzieren: Stipendien bei Wohnheimen (die gibt es nämlich in vielen Städten in den Wohnheimen von der Uni) oder sogenannte »Härtefälle« kann man beantragen. Härtefälle definieren sich von Uni bzw. Wohnheim zu Uni bzw. Wohnheim anders – führen aber zu finanzieller Unterstützung für den Studenten. Das Thema Kindergeld habe ich ja an anderer Stelle schon ausführlich besprochen. Also: Es gibt tolles Kindergeld, und dann von Mama und Papa ein bisschen, insgesamt vermutlich 200 bis 300 Euro. BAföG? Das fände meine Mutter ganz besonders gut. Ich nicht. Wenn es auch anders geht, irgendwie anders, dann habe ich keine Lust, mich während meines Studiums zu verschulden. BAföG lässt keinen Schuldenberg zurück, schon klar. Aber auch 10 000 Euro sind genug, finde ich. Wir streiten uns gehörig deswegen – BAföG versus kein BAföG, immer dieselben Argumente, in Dauerschleife. Ich »gewinne« den Streit, mit dem einfachen, aber schlagenden Argument, dass es doch mein Problem ist, wie ich an Geld komme und am Ende auch meine Schulden. Abgesehen davon kann ich schlecht dazu gezwungen werden, BAföG zu beantragen. Jedenfalls wüsste ich nicht wie. Also, erst mal wird der Plan, mich zu verschulden, aufgeschoben und durch einen Nebenjob ersetzt. Sofern ich das alles richtig verstanden habe, darf ein Student bis zu 400 Euro im Monat verdienen: Ist es ein Cent mehr, gilt der Student nicht mehr als Student, was steuerlich unangenehme Auswirkungen hat, und bekommt noch dazu kein Kindergeld mehr. Also ist es auf ca. 800 bis 900 Euro im Monat hinausgelaufen. Kommt mir irgendwie so vor, als würde ich eine relativ reiche Studentin werden, das hatte ich nicht erwartet, aber gut – warum nicht!

Damit das mit der Studienfinanzierung halbwegs klappt, muss ich also wie gesagt arbeiten. Also mache ich das auch, und weil ich sowas gerne plane, schaue ich mal im Internet nach Anzeigen für freie Werkstudentenplätze. »Werkstudent«, das hört sich so toll an, aber ich wette, dass es das nicht ist. Und das nicht nur, weil das ganz offensichtlich bedeutet, dass meine Wochen ziemlich voll werden: In der Studienbeschreibung heißt es, dass Islamwissenschaftler ziemlich viel für die Uni tun müssen (ob das bei jedem Studienfach steht, weiß ich allerdings nicht). Also sagen wir, die Uni ist wie ein Vollzeitjob, und ich teile meine Tage ein wie eine meiner Cousinen: Jeweils acht Stunden Uni, acht Stunden Freizeit, acht Stunden Schlaf. Dann gehen vom Wochenende zwei Tage ab für die Arbeit. Oder unter der Woche vom Schlaf oder so. Klingt irgendwie nicht besonders entspannt. Kann es sein, dass ein Studentenleben nur dann superrelaxt ist, wenn es entweder reiche Verwandte oder einen hohen Satz BAföG gibt (oder beides)? Oder schiebe ich schon wieder unnötig Panik?

Aber schau sich doch mal einer die Jobangebote an, die im Internet ausgeschrieben werden. Die auf mich am unattraktivsten wirkende Anzeige war für einen Job als Automatenwart. Vielleicht macht sowas begabten Maschinenbaustudenten Spaß. Und ansonsten wird sich eben bei Rewe an die Kasse gesetzt und mit Waren gepiept. Am coolsten fände ich einen Job irgendwo in einem Theater an der Garderobe oder als Kartenabreißer. Oder die Nachtschicht an der Rezeption in einer Jugendherberge oder so. Oder natürlich etwas, was zu meinem Studienfach passt und mich wirklich herausfordert, wobei solche Stellen bestimmt nur an höhere Semester vergeben werden. Entweder eben ein Job, der Spaß macht und mich fordert, wie zum Beispiel als Hiwi für einen (bitte netten!) Professor zu sein oder ein Job, bei dem ich auch irgendetwas anderes machen kann. Als Garderoben- und Kartenabreißfrau hätte ich Luft für andere Dinge. Auf jeden Fall brauche ich einen, weil meine erste Miete plus Kaution bereits ans Wohnheim überwiesen sind. Mein Kontostand sagt: »Autsch«.

Der fürs Erste letzte Blick zurück

Nun, Anfang Oktober, habe ich noch ein paar freie Tage, bevor die Orientierungswoche anfängt. In diesen Tagen versuche ich, Heidelberg noch ein bisschen besser kennenzulernen und mit meinen Mitbewohnern Freundschaften zu schließen.

Und ich habe Zeit, noch mal auf das letzte Jahr zurückzublicken: Was ist da alles passiert, was ist ganz anders gelaufen als geplant? Alles fing mit der wehmütig-festlichen Zeugnisverleihung und einem gigantischen Abi-Ball im Ballhaus Freiburg an, alle hatten Träume und einige schon Pläne – nur kaum jemand wusste genau, wie sein nächstes Jahr genau aussehen würde. Langsam haben sich die Dinge dann entwickelt, und nach dem Loch, in das so viele gefallen waren, kam das Organisieren von Umzügen. Es kamen Bewerbungen und Absagen, die Realisierung von Träumen wurde zu stressigen Terminen und plötzlich waren wir alle mittendrin, im »Jahr nach dem Abi«. Und es war, so im Nachhinein, echt ein tolles Jahr voller neu entdeckter Freiheit. Während des Jahres selbst habe ich so viel gezweifelt, wollte unbedingt wissen, wie es weitergehen wird. Irgendwann waren alle irgendwo und waren einfach nur am Genießen, wussten schon, was sie im folgenden Jahr dann machen wollten. Es wurde sehr oder gar nicht hart gearbeitet, das »echte Leben« wurde kennengelernt, wir fanden heraus, was wir später ganz bestimmt nicht werden wollen. Dann wurde ich plötzlich Autorin und hatte echt viel zu tun. Es kamen lustige Situationen (ich erinnere mich mittlerweile doch sehr gerne an den Elektriker, mit dem ich mich aus der Berliner WG ausgeschlossen habe) und Streits über Streits, das ganze Jahr über, mit den Eltern. Das war schon ein bisschen anstrengend – aber irgendwann, als dann alle weiteren Entscheidungen getroffen waren, konnten unsere Eltern endlich akzeptieren, dass sie nicht auf alles Einfluss haben. Dass ihre Kinder es schon irgendwie hinbekommen, zu irgendetwas werden irgendwann. Es wurde gereist. Ich weiß nicht, ob das viel ist, aber ich bin mir sicher, dass meine ehemaligen Mitschüler und ich alle zusammen im letzten Jahr mindestens hundert verschiedene Länder bereist haben. Und immer wieder fanden wir heraus, welche Pärchen sich nicht nur mit ihren Eltern, sondern auch miteinander gestritten und getrennt, welche Beziehungen überlebt haben. Alice und Lars sind beide noch in ihren Beziehungen, und Alice zieht jetzt sogar in dieselbe Stadt wie ihr Freund. Zwischen den Reisen und Trennungen gab es Stufentreffen (zu denen ich immer nicht kommen konnte, aber sie waren mit Sicherheit toll), und ab und zu haben wir auch kurz (!) die Schule vermisst. Doch die Schule hat im Großen und Ganzen schon sehr an Bedeutung in unserem Leben verloren, sie ist zu einer mehr oder weniger schönen Erinnerung geworden. Zwischendurch wurden wieder Bewerbungen verschickt, Kindergeldanträge gestellt, und bald geht es mit dem BAföG los, es wurde sich immatrikuliert in den verschiedensten Städten und Ländern, dann Wohnungen, Jobs, vielleicht schon neue Freunde gesucht. Ach ja, es war Weihnachten, das erste Weihnachten, zu dem man als Besucher nach Hause fahren musste. Freundschaften wurden enger oder zerbrachen, wir lebten uns auseinander und fanden heraus, wer mit wem in Kontakt bleibt, wenn plötzlich alle über die Welt verteilt sind.

Doch obwohl wir all das erlebt haben und an unseren Erfahrungen mit Sicherheit gewachsen sind, aus Enttäuschungen und Fehlentscheidungen gelernt haben, sind wir zu Hause bei unseren Eltern immer noch die Kinder: Was Papa sagt, wird auch getan, und unsere Empty-Nest-Mamas freuen sich so, wenn wir mal zu Hause sind, dass sie doch wieder für uns bügeln, obwohl wir das ja eigentlich selber können. Das Einzige, was sich also im Eltern-Kind-Verhältnis geändert hat, ist, dass wir Kinder nicht mehr angemotzt werden, wenn wir unser Geschirr nur in die Spüle stellen anstatt in die Spülmaschine. Dass wir ein kleines bisschen mehr verwöhnt werden und ein noch kleineres bisschen mehr auf einer Wellenlänge mit unseren Eltern sind.

Meine Kinderladenfreundin ist sehr viel erwachsener geworden im letzten Jahr: Der ultimative Beweis dafür ist aus meiner Sicht die Tatsache, dass sie angefangen hat, mit ihrer Mutter bei jedem Besuch am ersten Abend eine oder zwei Flaschen Wein zu leeren. Ich weiß, das ist nicht für jeden etwas, was für Reife spricht. *Aber* das hat sie früher nie gemacht, und außerdem finde ich persönlich es ultra seltsam, in Gegenwart meiner Eltern Alkohol zu trinken. Wenn sich das geändert hat, bin ich wirklich erwachsen und ein großes Mädchen. Vorher – keine Chance.

Alles in allem war es ein tolles Jahr. Es gibt doch dieses Kinderbuch mit dem Titel »Der Ernst des Lebens«, es handelt davon, dass ein kleines Mädchen eingeschult wird. Ständig wird ihr gesagt, mit der Einschulung würde der Ernst des Lebens beginnen, aber sie macht zum Glück andere (schöne) Erfahrungen, denn sie trifft in der Schule erst einmal einen Jungen, der ihr bester Freund wird, und er heißt doch tatsächlich »Ernst« mit Vornamen. Ich liebe diese Geschichte, denn sie entspricht genau der Realität: Klar, das »echte Leben« kann hart sein, aber letztlich ist es auch schön. Trotz allen Ernstes, den das Großwerden mit sich bringt, bietet sich uns auch der Genuss der Freiheit.

So viel habe ich über mich gelernt in diesem letzten Jahr, und so viel habe ich gelernt, was mir in der Schule nicht beigebracht wurde – selbst an einfachem Wissen und über zwischenmenschliche Beziehungen.

Gute Lehrer, schlechte Lehrer

Tatsächlich ist es doch aber so, dass nicht nur Schülerinnen und Schüler so einiges nicht lernen in der Schule, sondern auch die Lehrerinnen und Lehrer, diejenigen, die die Regeln machen: Die entspannteste Deutschklausur meines Lebens habe ich zum Beispiel im Landschulheim geschrieben (wobei das nicht stimmt – die entspannteste Klausur war eine andere, doch das lag nicht an der Kompetenz meines Lehrers: Es war eine Klausur, in der es eine Kurzgeschichte zu interpretieren galt. Alice hatte vor mir in einer Klausur die Geschichte interpretiert. Da hatte ich mir natürlich die Korrekturen durchgelesen. Die korrigierten Klausuren der anderen durchzulesen lohnt sich, Leute! Aber darum soll es hier nicht gehen ...). Zurück zur Klausur: Als Klasse hatten wir vorher abgestimmt, ob wir tatsächlich im Landschulheim schreiben wollten, und so hatten wir einen vollen Tag Zeit für unsere Aufsätze, durften am Computer schreiben und uns untereinander austauschen. Ich glaube, dass dadurch, dass der Zeitdruck weg war, so wenig gespickt wurde wie selten. Und wir hatten am Ende auch alle richtig gute Noten. Der Deutschlehrer war damals auch mein Kunstlehrer, und durchaus ein kleines bisschen abgedreht. Aber das war klasse, denn im Kunstunterricht haben wir alle richtig was gelernt. Nicht, weil es der Kunst-Leistungskurs war und wir einfach unglaublich viel Unterricht hatten, sondern weil dieser Lehrer uns immer, während wir praktisch arbeiteten, lang und breit seine Ansicht über Gott und die Welt geschildert hat. Lange Zeit war er unser aller Lieblingslehrer. Wir haben ihn bewundert, er war der Rebell der Lehrerschaft. Aber das nur, solange er noch relativ neu an der Schule war, irgendwann passte er sich ein bisschen an. Dann war es aus mit den vielen kleinen wirklich sinnvollen Regelverstößen wie Klausuren auf Klassenfahrten und mit Computer. Aber welcher normale Mensch, der einen Text schreibt, der nicht nur für sich selbst zum Lesen ist, schreibt noch per Hand und gibt sich für das Ganze nur knappe eineinhalb Stunden Zeit? Abgesehen davon hatte unser Lehrer für diesen Tag der Klausur den Pool im Landschulheim ganz für sich alleine und dann noch eine ganze Woche Zeit, unsere Klausuren zu korrigieren, ohne dass ihm andere Arbeit wie Unterrichtsvorbereitung Druck gemacht hätte. Schülerfreundliche Prüfungssituationen zu schaffen, das können und lernen im Laufe der Zeit aber leider nur die wenigsten Lehrer. Im Gegensatz dazu sehr amüsant für die Schüler sind diese kleinen, leisen Referendarinnen (andere Lehrer aber auch), die nie gesagt bekommen haben, dass Schreien zu nichts führt, wenn die Klasse erst einmal laut ist. Ich kann nur aus meinen eigenen Erfahrungen und deren Übereinstimmung mit denen meiner Freunde von anderen Schulen sprechen. Aber sobald ein Lehrer ein einziges Mal gezeigt hat, dass er Konsequenzen für die ganze Klasse (nicht den Einzelnen) nicht scheut, hat er oder sie die Klasse im Griff. Hätte damals meine Erdkunde-Referendarin (die immer rote Flecken im Gesicht hatte vor lauter Stress und Angst vor uns Schülern) Kollektivstrafen eingeführt, hätten ihre vielen bunten Bildchen an der Tafel vielleicht wirklich etwas bewirkt. Sie hat es nicht getan und ist dafür jede zweite Stunde weinend aus dem Klassenraum gestürmt. Wir waren wohl nicht sehr nett zu ihr.

Das sind die zwei wichtigsten Dinge, die die meisten Lehrer meiner Meinung nach nicht lernen – ergänzen könnte man die Liste noch durch:

1. Zu viele Hausaufgaben verringern die Leistung, anstatt sie zu erhöhen.
2. Nicht nur die Besten in der Klasse sollten gefördert werden, sondern alle Schüler.
3. Wenn das Arbeitsblatt schon von *lehrerfreund.de* oder *lehrer-online.de* ist, dann sollte das doch wenigstens für die Schüler nicht

erkennbar sein, denn so bekommen die mit, wie viel fauler ihr Lehrer ist als sie selbst – das ist schlecht für die Motivation. Wobei: Auf *lehrerfreund.de* gibt es teilweise auch gleich die Lösungen für besagte Arbeitsblätter. Und Klausuren und Tests. Und Schaubilder, die man für die Hausaufgaben abschreiben kann und für die man dann eine Eins bekommt. Also: Danke an alle faulen Lehrer, dass Ihr es uns so leicht gemacht habt! Als wären wir in der Schule so blöd gewesen, uns diese Seiten nicht zunutze zu machen. So hatte mein Bio-Kurs immer die volle Punktzahl bei Klausuren, die eigentlich für den Leistungskurs gemacht waren, wir aber wegen der Faulheit unserer Lehrerin auch schreiben mussten.

Wobei das mit Sicherheit nur drei Punkte sind auf einer langen Liste weiterer Dinge, die Lehrer nicht lernen in der Schule.

Arbeit habe ich in meinem Jahr nach dem Abi auch gefunden, und zwar sehr schnell. Aber weil ich meine Arbeitsuche in Berlin schon zur Genüge ausgeschlachtet habe, mache ich das jetzt an dieser Stelle nicht noch mal. Stattdessen kommt hier eine letzte Erklärung an alle Eltern. Das hier hat @jetzt_de auf Instagram gepostet, am 12. Dezember 2018. Einen zugehörigen Text gibt es auch auf der Website *jetzt.de*. Der Post lautete wie folgt:»Danke, liebe Eltern: Es war schön daheim. Aber jetzt würden wir gerne uns selbst feiern und dabei die Welt verändern. Verstehen müsst ihr das alles nicht, aber ihr sollt wissen: Wir sind nicht undankbar, wir sind nur groß geworden.« Ich finde, dieser Text trifft ganz genau zu. Also *Tschuldigung* dafür, dass es manchmal so rüberkommt, als wären wir undankbar. Gerade ist einfach verdammt viel los in unserem Leben, versteht Ihr das?

Was ist wichtig, was nicht?

Und immer wieder denke ich daran, wie viel Glück ich habe. Ja, man hört das oft. Was ein Glück es ist, wenn man Europäer ist, wie toll unsere Chancen sind, dass wir, wenn wir es nur wirklich wollen, fast alles erreichen können mit ein bisschen Anstrengung. Millionär werden oder Präsident werden? Möglich. Die Welt sehen? Na klar! Ein Leben in Frieden führen? Ja! Was für ein Glück wir haben, in Deutschland relativ ausgeglichene soziale Strukturen als Grundlage zu haben. Irgendjemand hat uns das aufgebaut, und wir können das jetzt genießen. Ab und zu, wenn ich in Irland wieder eine Steilküste betrachtet habe, habe ich an Jugendliche in anderen Ländern gedacht, die das nie sehen werden. Die nie Pläne für ihr Studium schmieden werden. Die sich nie mit ihren Eltern streiten werden wegen ihrer Essgewohnheiten, weil sie nichts zu essen haben. Eine beängstigende Vorstellung, dass es allein der Geburtsort ist, der alles bestimmt.

Ich nehme mir deshalb vor, mein Privileg, das Studium, umso mehr zu schätzen und auch zu genießen. Vielleicht kann ich irgendwann auf Grundlage dieses Studiums etwas Gutes tun für die Menschen auf der Welt, die nicht studieren können.

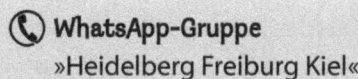 **WhatsApp-Gruppe**
»Heidelberg Freiburg Kiel«

Alice: *Viel Spaß morgen an der Uni, Olga <3*
Ich: *Danke!! <3 <3*
Lars: *Geht es morgen los?*
Alice: *Ich bin so aufgeregt ☺*
Ich: *Und ich erst ... telefonieren wir morgen Abend?*
Alice: *Auf jeden Fall!*
Lars: *Mir müsst ihr auch alles erzählen!*

Ich: *Machen wir.*

Alice: *Machen wir!*

Ich: *Manchmal denke ich daran, wie viel Glück wir haben, dass wir hier studieren können.*

Alice: *Lasst uns echt anstrengen an der Uni, dann können wir das, was wir lernen, vielleicht wirklich mal für etwas wirklich wirklich Gutes einsetzen.*

Lars: *Das ist ein schönes Vorhaben – Weltverbesserer!!!*

Alice: *Ist das jetzt was Schlechtes?*

Ich: *Wehe, du sagst Ja.*

Lars: *Nein, das ist was Tolles, ich werde mir das auch vornehmen, wenn ich bei der Bundeswehr anfange.*

Ich: *Wann geht's los?*

Lars: *In dreieinhalb Wochen*

Alice: *Sehr cool!*

Lars: *Ja, jetzt geht es wirklich los ☺ ☺*

Auf dem Campus

Es ist früh am Morgen, was soll ich anziehen? Es muss gut ausse-hen, erwachsen. Aber auch so, als wäre es mir völlig egal, was ich trage. Hilfe! Das hier ist wie am ersten Schultag. Nachher ist der erste Tag an der Uni, vierzehn Jahre nach meiner Einschulung fange ich an zu studieren. Viel passiert in diesen vierzehn Jahren. Und in den nächsten fünf Jahren wird auch viel passieren. In fünf Jahren. Wo werde ich da wohl stehen, wer werde ich sein? Dann bin ich fertig mit der Uni, und gerade mal 23 Jahre alt. Welche Orte werde ich bis dahin auf dieser Welt noch entdeckt haben, habe ich dann wirklich ein Auslandssemester im Iran hinter mir? Habe ich einen Hund? Oder bin ich dann noch Studentin, weil ich zwischendurch einmal ein Jahr lang etwas ganz anderes gemacht habe? Hat Alices und meine Spinnerei, zusammen eine WG zu gründen, sich erfüllt? Haben wir überhaupt noch Kontakt? Wie sieht es aus mit der Freundin, die in Tansania war und zu der der Kontakt so schnell abgebrochen ist? Kennen wir uns überhaupt noch? Sind Lars und seine Freundin noch zusammen? Bestimmt. Wie wird das Verhältnis sein zu meinen Eltern, zu meinen Brüdern, zu meiner verrückten Großmutter, die mich dann wahrscheinlich immer mit Burka erwartet und nicht erkennt, weil ich normal aussehe? Werde ich dann eine normale Steuererklärung hinbekommen, ohne zu verzweifeln, bleibt der Salat im Kühlschrank länger als einen Tag frisch? Wie sehen dann meine Pläne aus, oder will ich dann wieder keine haben und falle deshalb noch mal in ein »Loch«? Und das Wichtigste Geht es mir gut mit meinem Leben und meinen Entscheidungen?

Es riecht nach Herbst, und buntes Laub raschelt unter den Rädern meines Fahrrads, als ich losfahre. Normalerweise bin ich so früh morgens noch nicht so wach, aber heute ist mein erster Tag an der Uni, heute lerne ich alle Erstsemester kennen (oder sehe zumindest einen Großteil von ihnen) – in einer Stunde findet diese eine Veranstaltung statt, zu der alle eingeladen sind und in der wir an der Uni willkommen geheißen werden. Ich bin aufgeregt, so auch Hannah, meine neue Mitbewohnerin, Erstsemester-Geschichtsstudentin und bisher einzige richtige Freundin in Heidelberg.

Beide sind wir vorhin super früh aufgestanden, um uns zehnmal umzuziehen, damit wir so erwachsen wie möglich aussehen. Dann haben wir versucht, unser Müsli zu essen, aber es ging nicht – zu aufgedreht.

Und jetzt sind wir eben beide viel zu früh auf dem Weg zur Uni, um uns bloß nicht zu verfahren oder aus irgendwelchen anderen dämlichen Gründen direkt am ersten Tag (Oh Gott!) zu spät zu kommen.

Den Weg zum Veranstaltungsgebäude finden wir aber ohne Weiteres und sind uncoole 25 Minuten zu früh. Also gehen wir noch zum Bäcker und laufen tausendmal um den Block, um in der Nähe zu bleiben, aber für jeden anderen so auszusehen, als kämen wir gerade erst ganz entspannt an. Hannah ist so eine coole Mitbewohnerin, ich hab echt Glück, dass sie genauso verrückt ist wie ich.

Und dann kommen immer mehr unserer neuen Kommilitoninnen und Kommilitonen, und wir beenden unseren doch etwas seltsamen Spaziergang. Die anderen sehen gar nicht so viel erwachsener aus als wir, und ziemlich schnell kommen wir mit einer anderen Gruppe von vier Mädels ins Gespräch. Irgendwann öffnen sich die Türen des riesigen Hörsaales, und Hannah und ich betreten mit allen anderen Erstsemestern der Geisteswissenschaftlichen Fakultäten die Uni. Es ist ein tolles Gefühl, und wir sind bereit zu studieren.

Ach, übrigens ...

Wenn es Dich interessiert, wie mein Leben an der Uni gerade weitergeht oder Du mit mir (nicht bääh! – altmodisch) per Mail in Kontakt treten möchtest, freue ich mich über Dein Abo auf Instagram! Bis jetzt hält sich die Zahl meiner Posts noch in Grenzen, aber ich werde daran arbeiten: @olgarogler.

Da geht noch was ...

Eigentlich bin ich noch nicht fertig. Ich glaube, ich kann Dir noch einige Tipps für Dein Leben nach dem Abi geben. Ich kann Dir vielleicht sogar sagen, welche Tipps Du meiner Meinung nach nicht wirklich brauchst, obwohl Du sie an jeder Ecke hörst. Wenn Du auch Tipps (oder Fragen) für mich hast: Melde Dich bei mir auf Instagram!

10 selbst erprobte Tipps für angehende Abiturienten

1. Ganz wichtig: Lass Dich nicht zu sehr von Deinen Eltern stressen!!! Sie oder irgendjemand anderes weiß es immer besser, aber jeden Rat und jede Forderung zu befolgen ist schlichtweg unmöglich – also schei** drauf und mach einfach, worauf Du Lust hast ☺
2. Merke: Auch in Behörden arbeiten nur Menschen, und mit den meisten Menschen kann man reden.
3. Befolge niemals einen Rat, der wie folgt beginnt: »Ich habe das zwar schon ewig nicht mehr gemacht, aber ...« Wenn Du eine eigene Idee hast, ist die wahrscheinlich besser ;)
4. Klingt albern, aber schleim Dich bei jemandem ein, der eine Kreditkarte hat! Eines der wenigen Dinge die ich von Anfang an richtig gemacht habe, und darüber war ich so oft so erleichtert!

5. Such Dir ein zeitfressendes Hobby, denn sehr wahrscheinlich sind deine meisten Freunde nicht da, wo Du bist und besonders in einer neuen Stadt kann es ganz schön einsam sein.

6. Fehler zu machen und einzusehen sowie die eigenen Entscheidungen rückgängig zu machen ist okay und wichtig!

7. Überlege Dir ein System, wie Du Deine Reisen und alle anderen besonderen Erlebnisse gut dokumentieren kannst – die Erinnerungsfotos sind so viel wert, wenn Du später an der Uni in der Prüfungsphase steckst!

8. Trau Dich, Dinge auszuprobieren, von denen Du immer dachtest, Du könntest sie nicht: Jetzt hast Du so richtig viel Zeit dafür. Und die meisten Dinge kannst Du eben doch schaffen, wenn Du es nur genug willst ...

9. Irgendwann kommt Dir schon *die Idee*, was Du mit Deiner Zukunft anfangen kannst, stress Dich also bitte nicht damit – die besten Ideen hast Du sowieso, wenn Du gerade gar nicht nach einer Lösung suchst!

10. Und zu guter Letzt das Wichtigste: Mach in und mit Deinem Leben, worauf Du Lust hast oder was Du für sinnvoll erachtest – nichts anderes!

10 Tipps, die ein Abiturient n i c h t gebrauchen kann

1. Fang am besten sofort an zu studieren, dann bist du schneller fertig und kannst Geld verdienen. *Unnötig zu sagen, dass das nicht meine Meinung ist, oder?*

2. »Mach es doch am besten wie ich damals, ...« – *Bevor du jemanden nachmachst, der unter anderen Umständen und zu einer anderen Zeit etwas getan hat, frag Dich besser selbst, wie Deine Umstände sind und was das Beste für Dich sein könnte.*

3. »Leg doch den Papierkram besser mit diesem System ab, deins ist nicht gut.« *Mein Ablagesystem ist auch schei**, aber übersichtlicher als das meines Vaters ist es für mich trotzdem!*

4. Hör immer auf Mama und tu alles, was sie sagt! *Hat Deine Mama immer auf ihre Mama gehört?*

5. »Gib weniger Geld aus, das Geld ist doch als Rücklage viel mehr wert!« *Schüler, Abiturienten und Studenten sind dazu bestimmt, pleite zu sein, und (fast) alle schaffen es trotzdem immer bis Monatsende!*

6. »Lern mehr für die Abi-Prüfungen, deine Durchschnittsnote wird jeden deiner zukünftigen Arbeitgeber interessieren.« *Irgendwo habe ich mal folgenden Satz gehört (den genauen Wortlaut weiß ich nicht mehr, aber ich habe auch kein Top-Abi):* »Als ich mein Abi hatte, dachte ich, ich mache noch den Bachelor, dann ist der viel wichtiger. Als ich meinen Bachelor hatte, dachte ich, ich mache noch den Master, dann ist die Bachelor-Note egal. Jetzt denke ich...« – *man kann auch auf anderem Wege als dem der Noten zeigen, was man drauf hat!*

7. »Der Studiengang, auf den du dich bewirbst, nützt dir doch später überhaupt nichts!« *Schau Dir die Lebensläufe von Menschen an, die Dich interessieren und aus denen etwas geworden ist. Wenn Du Dir zwanzig Lebensläufe (auf Wikipedia zum Beispiel) ansiehst, könntest Du mehrere Persönlichkeiten finden, die etwas Ähnliches studiert haben.*

8. Alles, was mit »Also ich würde das ja anders machen ...« anfängt. *Hmmm, ich bin aber nicht du, sondern ich bin ich.*

9. »Geh nicht trampen auf deiner Reise!« *Informier Dich lieber selber übers Trampen in deinem Reiseland, dann kannst Du das selber beurteilen.*

10. Für alle mit einem vollen Kleiderschrank: »Sortiere doch mal deine Klamotten aus, wenn du umziehst, kannst du sie eh nicht mehr alle unterbringen.« *Für die guten Dinge schaffe ich Platz.*

Dankeswort

Es gibt unendlich viele Menschen, denen ich für ihre Hilfe danken könnte, deswegen picke ich hier nur die, die inhaltlich am meisten zu diesem Buch beigetragen haben, heraus. Alle anderen – Verwandte, aber vor allem Freunde, wissen hoffentlich sowieso, wie wichtig ihre zahllosen Motivationshilfen waren! Also möchte ich mich als allererstes bei der Person bedanken, ohne die es dieses Buch überhaupt nicht gäbe: Julia, meiner wundervollen Lektorin, die mich beim Schreiben unterstützt und vor allem am Hinschmeißen gehindert hat – vielen riesigen Dank! Außerdem wäre ich ohne ihre Einladung zu einem persönlichen Treffen wohl noch nie im schönen München gewesen, und das auch noch im Hochsommer!

Direkt an zweiter Stelle danke ich hiermit meiner Agentin, die mich an eine so tolle Lektorin vermittelt und den ganzen Papierkram für mich erledigt hat! Nicht zu vergessen natürlich auch allen anderen Verlagsleuten, die sich ausgiebig mit Titel und Cover und Format und allem Drumherum beschäftigt haben – auch an sie geht ein großes Dankeschön!

Alice, die natürlich nicht wirklich Alice heißt, danke ich dafür, dass ich einen Charakter an ihr orientieren durfte und dafür, dass sie immer wieder mein Manuskript durchgelesen und mir dann gesagt hat, was sie ändern würde. Es war ihr dabei sehr wichtig, irgendwo noch einen Absatz darüber zu lesen, dass sie nicht nur eine beeindruckende Uni-Liste erstellt hat, sondern auch einen genauo beeindruckenden Beitrag zur Planung und Organisation unseres Abi-Balls beigetragen hat – hier also besagter Absatz ;) Und dann möchte ich natürlich auch *Pareidolie*, Lars, Otto und meiner Kinderladenfreundin sowie allen anderen danken, die so bereitwillig zugestimmt haben, ihre Erfahrungen mit mir zu teilen! Ohne Euch hätte ich nur halb so viele komische und schräge Geschichten über das Jahr nach dem Abi aufschreiben können!

»... ein wunderbares Abenteuer. Und ein Abschied unter Freunden.« (Bild)

Als Rob Kuglers Leben auseinanderfällt, ist seine Hündin Bella für ihn da. Umso schlimmer für ihn, als er erfährt, dass Bella Knochenkrebs hat und ihr Vorderbein amputiert werden muss. Doch statt aufzugeben und die neunjährige Hündin einzuschläfern, macht Rob ihre letzten Monate zu den schönsten ihres Lebens: Ein außergewöhnlicher Roadtrip quer durch die USA beginnt.

Diese Zeit
gehört nur Dir

Wer davon träumt, die eigene Kreativität zu entfalten und der Poesie mehr Raum im Leben zu geben, wird hier fündig: Das Schreiblustbuch funktioniert im Zug, im Café oder abends zu Hause. 50 kurze, wirkungsvolle Schreibimpulse rufen Ideen und Gefühle wach und laden ein, diese an Ort und Stelle aufs Papier zu bringen. Einfach eine Seite aufschlagen, Anregung lesen und schreibend abtauchen ins Reich der Fantasie.

Kösel   www.koesel.de